帝国大学の誕生

中山　茂

講談社学術文庫

目次

帝国大学の誕生

帝国大学の誕生

第一章　帝国大学の出自——リヴァイアサンの生い立ち

「明治天皇開成学校臨幸」（明治６年10月）

唯一の大学

「帝国大学」あるいは「帝大」という呼び名は、近代日本の歴史のうえで、非常に重い意味を持ってきた。帝国大学は東京大学に工部大学校を合併して明治十九年（一八八六）に設立され、三十年に京都にも帝国大学が開設されたことによって東京帝国大学と改称され、戦後東京大学となった。固有名詞としての「帝国大学」は、この東京大学が、明治の二十年代に唯一の帝大、唯一の大学として存在した時代のそれをさしている。明治十九年、内閣制度ができて最初の文部大臣森有礼《ありのり》は帝国大学令、中学校令、小学校令、師範学校令をあいついで発して維新以来混沌を極めた学校系統を整備したが、大学については、この帝国大学をもって唯一のものとしたのである。

ユダヤの終末論には、雄で陸を支配するビヒモスと、雌で海を支配するリヴァイアサンという名の怪獣がいる。黙示録によれば、それらは世界の終末直前に現われて、恐怖の支配を確立する。ホッブスは『リヴァイアサン』という著書でそれを国家という強圧的政治組織になぞらえた。学校体系の頂点に立ち、その出身者が学界のみならず官界、実業界をも支配した東京（帝国）大学、およびそこから生まれた学閥を、近代日本を支配したリヴァイアサンになぞらえることができよう。

戦前には学閥とともに藩閥・財閥・軍閥といわれるものが日本社会を支配した。藩閥や財閥はともかくとして、軍閥・軍部は陸海軍ともに独自の人材養成体系を持っていた点において、雌の怪獣、リヴァイアサンである帝大系に対峙する、雄の怪獣ビヒモスの名にふさわしかった。戦時中は、むしろこちらのほうが怪獣ぶりを発揮した。

一説によると、ビヒモスとリヴァイアサンはたえまなく互いに争い、結局は同士打ちになって、いずれも亡びてしまうことになっている。ところが、戦後の日本の現実はその筋書とはかなりちがう。敗戦によってビヒモスは深手を負い、もはや怪獣の名に値しない。藩閥・財閥のほうも奥にひっこんだ。戦後はリヴァイアサンのみ再生し、成長し続けてきたといえよう。

本書で意図したことは、このリヴァイアサンの出生の秘密をあばき、この怪物の生い立ちを明らかにすることである。東京（帝国）大学が固有名詞の帝国大学であった時代こそ、この大学の官界における独占的権威と日本アカデミズムの原型が形成された時期であり、また今日に続く受験競争がスタートした時期でもある。本書はこの期間を中心に扱うことにする。

はじめは語学校

今日の東京大学の濫觴《らんしょう》を説明するために、よく**図1**のような系図が書かれているのを目にする。

濫觴をより古く求めようというのは、歴史を書く者のおちいりやすい誘惑であるが、東京大学の起源を貞享《じょうきょう》の昔、暦をつくる仕事をする幕府天文方の開設にまでさかのぼるのはすこし迂遠にすぎる。しかし、江戸で西洋の学問に公に接する唯一の政府機関であった天文方のなかに蛮書和解《わげ》御用ができ、それが蕃書調所《しらべしょ》等に発達していった過程を見ると、東京大学のそもそもの成り立ちからの機能・性格も察しがつくというものであろう。つまり、もともとは外国語を翻訳するところだったのである。

明治維新の際に、日本の諸制度が革命的な変革を受けたことは誰でも知っている。この時、旧幕時代の諸制度はいっさい御破算になったはずであるが、幕府直轄の学校には意外に連続するものが多い。儒教教学の中心である昌平黌《しょうへいこう》、洋学一般を講じる開成所《かいせいじょ》や西洋医学を教えた医学所は一時閉鎖になっただけで、すぐに昌平学校・開成学校・医学校と名をあらためて登場する。そこで働く人材やその機構についても、維新の前と後にかけて連続性がある、例外的な機関である。

たとえば開成学校では、旧開成所総奉行の川勝近江、頭取の鬼才柳川春三《しゅんさん》がそのまま開成学校頭取となって事務にあたり、(1)医学校では旧医学所頭取の松本良順こそ会津方面に脱走して佐幕側に加わったが、坪井芳洲、島村鼎甫《ていほ》、石井謙道、司馬凌海、緒方惟準《これよし》などが上席教授として復活している。(2)それというのも、翻訳や医療機関がもともと体制のいかんにかかわらないノン・ポリ的、テクニシャン的性格を持つうえに、とりわけ、西洋語に通じあるいは西洋医学の技倆を身につけた人材の養成が、新政府にも焦眉の急として認識されていたから

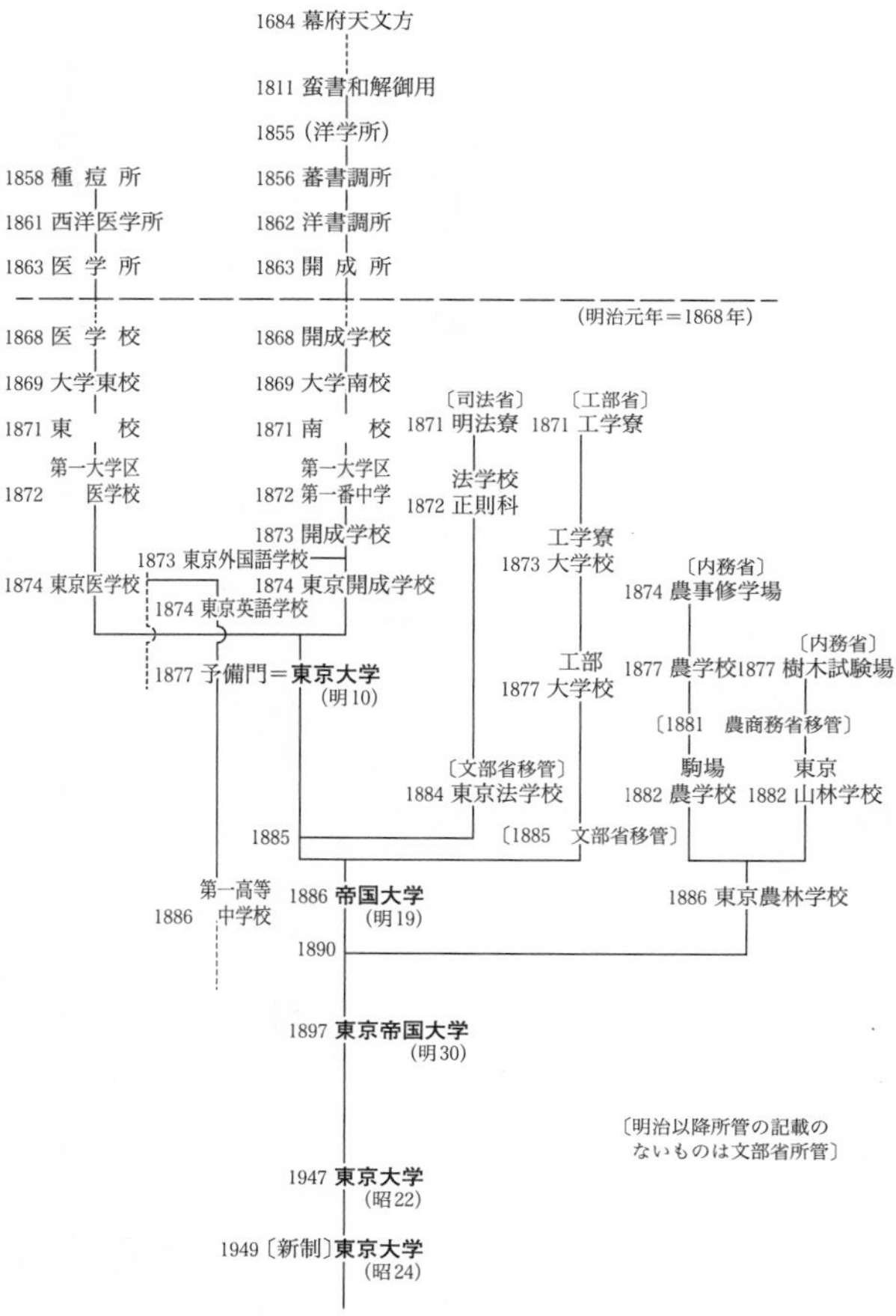
1684 幕府天文方
1811 蛮書和解御用
1855（洋学所）
1858 種 痘 所
1856 蕃書調所
1861 西洋医学所
1862 洋書調所
1863 医 学 所
1863 開 成 所
（明治元年＝1868年）
1868 医 学 校
1868 開成学校
1869 大学東校
1869 大学南校
〔司法省〕
〔工部省〕
1871 東 校
1871 南 校
1871 明法寮
1871 工学寮
第一大学区
1872 医学校
第一大学区
1872 第一番中学
法学校
1872 正則科
1873 開成学校
工学寮
1873 大学校
1873 東京外国語学校
1874 東京医学校
1874 東京開成学校
〔内務省〕
1874 農事修学場
1874 東京英語学校
1877 予備門＝東京大学
（明10）
工部
1877 大学校
1877 農学校
〔内務省〕
1877 樹木試験場
〔1881 農商務省移管〕
〔文部省移管〕
1884 東京法学校
駒場
1882 農学校
東京
1882 山林学校
1885
〔1885 文部省移管〕
第一高等
1886 中学校
1886 帝国大学
（明19）
1886 東京農林学校
1890
1897 東京帝国大学
（明30）
〔明治以降所管の記載のないものは文部省所管〕
1947 東京大学
（昭22）
1949〔新制〕東京大学
（昭24）

図1　東京大学の歴史

であろう。

しかし、明治「維新」は同時に王政「復古」でもあった。とくに維新の当初一、二年は、神道・国学派の復古派が時流に乗り、新政府内の公卿勢力と結んで、学制も王朝時代の昔にかえそうとする動きがあった。それに対して、儒教・漢学の旧昌平黌系は、抵抗を感じつつも、皇漢学の名の下に国学系をも昌平学校の中に取りこみ、そこを核として文教界を牛耳ろうとした。一方、洋学系からは明治元年に箕作麟祥《みつくりりんしょう》、内田正雄、福沢諭吉、さらに神田孝平《たかひら》や森有礼という人たちが学校取調御用掛を命じられ、西洋の学制を調査しながら、近代化・西欧化路線を敷く準備をするが、現実には復古派路線をひっくりかえす力はまだない。

明治初年には、諸制度の事始のこととて、新政府の方針が猫の目のように変わり、学校の名称もしょっちゅう変わって、かなりややこしい。その背後には、皇学派・漢学派の勢力争い、それに皇漢学派に対する洋学派の確執がある。

明治二年七月の官制改革では、昌平学校を学制の根幹と見なし、そのうえ皇派の意を迎えて、大宝令に出てくる大学寮の名から取って大学校と改称し、開成学校や医学校はその附属的な位置に置かれた。江戸時代にばらばらに発足した諸学校を、一つのシステムとしてまとめ、皇漢洋各派の反目を緩和することが、政府当局の役目であった。

さらに、同年十二月に大学校を大学とし、開成学校を大学南校《なんこう》、医学校を大学東校《とうこう》と改称した。この呼称は地理的な位置によるものであって、当時の地図を見ると、大学は現在の御茶ノ水駅の近く、昌平坂の聖堂のままであり、大学南校はその南の神田一ツ橋、洋書調所以来の位置（一八六二年、蕃書調所を九段下より移転、改称）に、大学東校は下谷の和泉橋通りにあるが、皇漢学の大学が中心だという発想は消えていない。図1では途中で断絶したため省いたが昌平黌→昌平学校→大学校→大学の系統がまだ政府教学の正統として意識されていたのである。

しかし、この系統もそこまでで、あとは伸びない。その間にも木戸孝允、江藤新平、大木喬任《たかとう》などの欧化派の意見が着実に新政府の主要ガイドラインとなってゆく。その背後に洋学者の支持、またさらにフルベッキなどのお雇い外人顧問の知恵づけがあった。フルベッキは、宣教師として幕末に来日し、長崎で布教のかたわら英語、政治、軍事、理学を教え、大隈重信、副島種臣らを育てた人物であり、維新後開成学校の教師となっていた。

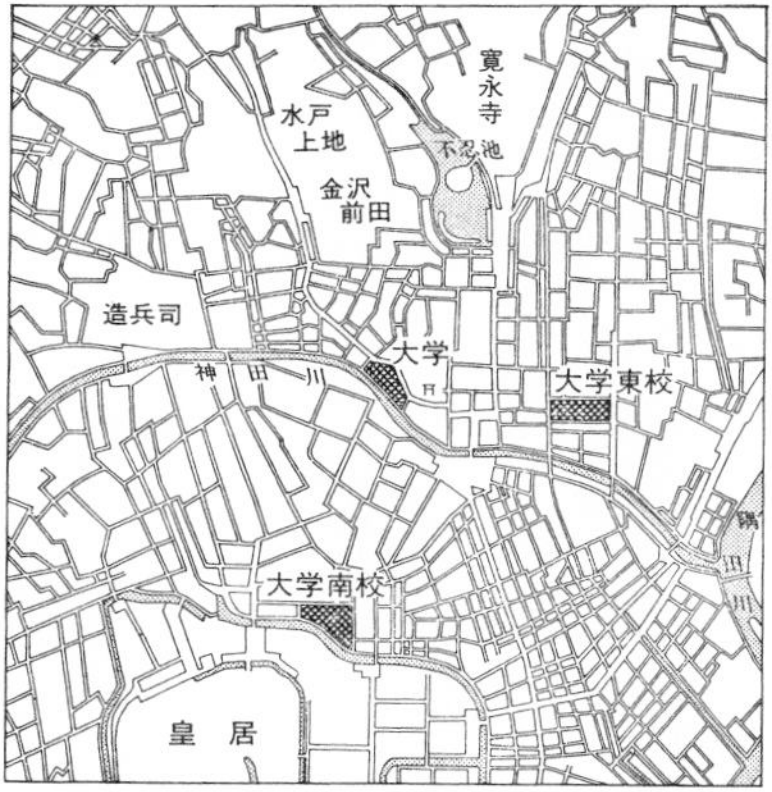

大学・大学南校・大学東校地図

明治三年七月には、洋学派との争いに敗けて、皇漢学の大学本校は閉鎖され、四年七月には、文部省の設置にともない大学そのものが廃止され、大学南校、大学東校はそれぞれただの南校、東校と改称される。

その後、大学東校↓東校の系統が、西洋医学を修める医者の養成という明確で特殊な目的を持った専門教育を志向したのに対し、大学南校↓南校の系統が東京大学↓帝国大学へと発展してゆく主流と目されるようになったゆえんは、後者が西洋の学問をするために最も基礎的な語学を正式に教える語学校、洋学校であって、政府の欧化政策の申し子となったからである。

西洋の学問をするといっても、それを正式に学ぶためにはまず普通学からはじめねばならない。普通学というのは今日の初中等教育にあたるもので、まず読み、書き——といっても日本語ではなくて、欧語（大半は英語）——ではじまる。数学、物理、世界史、地理……、何を教わるにしても、教師は外国人なので欧語を通じてなされる。会話を含めての欧語がすべての基礎となり、これをゆるがせにしては、専門の課目にすすめない。

明治三年閏《うるう》十月の「大学南校規則」第十条にも、

普通科ヲ学フノ間ハ、専ラ教師教官ノ指示ニ従ヒ、妄《みだり》ニ私見ヲ立ツヘカラス。普通科ヲ経タル者ハ定見ヲ立テ所長ヲ撰ミ、一科或ハ数科ヲ専攻スヘキコト。

とある。[3] 十五歳から二十一、二歳までの青年男子が選ばれてきて、チイチイパッパ式の会話からはじめて、英語、または仏・独語をつめこまれたのである。

南校の系統が主流とされるいま一つの理由があるとすれば、それは大学南校と称していた時代の明治三年に、各藩に藩の大きさによって人数を割り当てた貢進生《こうしんせい》を受け入れた場所だったからであろう。

大小をたずさえ、ちょんまげを結った、この貢進生三百余名が入ってきた。推薦制だから、優秀な人材に希望を託して送りこんできた藩もあろうが、大部分は情実、藩内事情に左右されて選ばれたと思われる。そのほかにも開成所以来の生徒が三百名もたまっており、計六百名がいた。彼らは必ずしも能力的に厳選されていたわけではない。事実、貢進生は後の貧乏な官費給費生とちがって、藩から十分金をもらって余裕があり、遊んでいる者が大部分だった、という。

そこで、学生のなかで、古市公威《きみたけ》（後の工科大学長）、小村寿太郎（後の外相）など五人が語らって、学校の質をよくするため、学生の不良分子を放逐し、学制を改革することを建言した。学生多数の意見を代表するのとはちがって、同窓の学生を追い出そうというのだから、事が露顕すれば袋叩きにあう。決死の覚悟で「五人組」は極秘裡に事にあたった。その結果、その建言は当局の聴くところとなって、明治四年、南校をいったん閉鎖し、学生を再選して三百余名に限定して再出発したという。封建時代的情実主義から近代国家の能力主義へと移行する際の一エピソードである。[4]

明治五年の学制発布後、小学校づくりに忙しかった文部省が専門教育に乗り出したのは、明治六年四月に南校の後身、第一大学区第一番中学を開成学校に改組してからで、上級に進んで専門的なことを勉強するほうを開成学校とし、従来の普通学、語学生徒を容れるほうは東京外国語学校として独立させた。翌年この東京外国語学校から東京英語学校がわかれ、こちらが東京大学予備門、第一高等中学校を経て第一高等学校となり、旧制高校の原型となる。

東京外国語学校（現東京外国語大学）の歴史をひもとくと、[5] 図1とはちがい、天文方から南校に至る系統の正統を引くのは、東京大学ではなくて東京外国語学校であるというふうに系図のうえで描かれている。たしかに、語学（西洋語）をカリキュラムの中心とする、というかぎりでは、東京外国語大学のほうが嫡嗣《ちゃくし》といえなくもない。

もっとも、その後明治八年の時点でも、文部省は別に初等・中等教育のうえに立つ「真ノ大学校」を千葉の国府台《こうのだい》に設立する構想を持っていて、開成学校については「開成学校等ノ如キ外国語学ヲ以《もって》専門科ヲ修学スル者ヲ教養スルノ一校」と見なしていたようである。[6] つまり、まだ文部省のなかでも、開成学校を大学の主流として育てるプランが確立していなかった。まして学生のあいだではその見通しがつけられるものではなかった。

出世コースを求めて

学校、大学は出世しにくるところだ、というのが明治日本で強固に出来上った社会通念であるが、その通念もまだ明治初年にあっては十分安定していたとはいいがたい。

維新の変動にあっても、農・工・商の庶民には身分上、職業上の激変はなかった。政治的革命があっても、それはただ支配層が入れかわっただけで、彼らの生業に直接の変化はなく、徳川時代以来の父祖の業をそのまま継いでいれば特に問題はなかった。そこからは、教育を受けることによる将来期待値はあまり出てこない。庶民の生業の継続にとって、学問が何を意味するかの展望はまだ開けていない。

ところが、士族にとっては維新は激変である。明治初年に、父祖伝来の秩禄・特権が段階的に奪われてゆくのを目のあたりにして、士族の青年たちのあいだには、手をこまねいて没落の運命を待つよりも、新しい道を探り当てねばならない、という焦りが生じる。その道は、学校にかよって、技術を身につけ、さらに資格を獲得することである。封建時代には、幕府や藩の傘の下にあって飼い殺しにされていた士族階級にとっては、学問を身につけることとは身分相応の義務でしかなかった。それ以上とくに出世につながるコースが開けているわけではなかった。ところが、維新後、さらに廃藩置県後、いざ藩の傘が外れてみると、ほかに何もたよるものがないから、学問でも身につけて、新時代に対処する以外に生きる道はない。

しかし、まず明治四年ころまで、つまり廃藩置県のころまでは、政体の行く末もさだかでなく、江戸から東京へと名をかえた世界有数の大都市も、藩士たちが藩邸を引き払って国許《くにもと》に帰ったため人口が激減し、藩士たちは国許にあって天下の形勢を観望するというありさまであった。

その間にあっても、幕末から名のある福沢の慶応義塾などは、荒れはてた江戸－東京における「暗夜の灯火」(7)の役を果たしていた。福沢やその門下の小幡篤次郎などは、はつらつたる啓蒙精神をもって、洋学の普及に健筆をふるった。(8)福沢諭吉『訓蒙窮理図解《きんもうきゅうりずかい》』(明治元年刊)、『西洋事情』(慶応二年～明治三年刊)、小幡篤次郎『天変地異』(明治元年刊)などはその代表的な例である。

新しい時代の流れる方向を見きわめようとする青年たちは、西洋事情を紹介する木版刷の書物をむさぼり読んで、将来への指針としようとした。明治四年以来の文部省出版書目(准刻書目)によると、(9)少なく見つもっても、当時出版された書物の三分の二は彼らの問題意識にこたえて、何らかの洋学知識をふりまくものであった。

そうした書物のなかで最大のベスト・セラーはサミュエル・スマイルズの『西国立志編』(中村正直訳、明治四年刊)であろう。スマイルズが産業革命後の社会的変動のなかで地方から都市に出てきたイギリスの青少年にあてて書いたものが、明治の政治的改革に遭って秩禄を失い、笈《きゅう》を負うて都市に新知識と新しい生き方を見つけようとする士族青年の心を捉えたのである。そしてこの書は明治十年代に学校の修身教科書として採用されて、明治後期に教育勅語式のものにとってかえられるまで、文明開化イデオロギーの教則ともなった。

現業官庁系学校の魅力

士族の子弟が新時代の行方を模索している時、明治新政府も新時代の要請にこたえる人材を探索していた。全国測量だ、電信網の敷設だ、諸制度の確立だと、近代国家としての体裁をととのえる焦眉の急の事業が目前に山積している明治新政府は、すぐに役立つ人材が欲しかった。それには小学校からはじまって、近代的教育の階梯を通って人材がそだってくるのを待つわけにはいかなかった。手っとりばやい方法は、まず外国人技術者を雇ってくることである。しかし、それにはお金がいる。日本人の十倍から数十倍の待遇をしなければならない。なかには、横須賀造船所のように技師長から工員まで雇い入れるというケースもあったけれど、それではとても財政がまかないきれなかった。

そこで、それぞれの省庁が自分たちの目前の必要に応じて自前で人材を促成栽培することが考えられた。それには、士族で先祖伝来の役職と秩禄をうしなって失業状態にある若者が大勢いるのだから、そのなかで優秀な者をえらんで、お雇い外人技師のもとにつけ、現場で徒弟的に仕事をおぼえさせるのが良策だ。

たとえば、近代国家の事業として、全国に電信網を敷く仕事がある。一朝事《こと》ある時は中央の指令が全国津々浦々に行きわたるようにすれば、また地方で起きた事件が瞬時にして中央の掌握するところとなるようにすれば、近代国家としての神経が通ることになる。そのためには、電信を敷設し、さらに維持し得る多数の電信技手が必要となる。事実、工部省では、電信寮に早くも明治四年十月から修技黌を設けて、生徒六十名を集め、技術を伝習したうえで現場につかせている。また灯台寮でも、それより少し早くやはり修技黌を設けている。

以上のような速成コースを各省は持っていたし、さらに相当高度な専門教育機関を設置していた省もあった。明治四年に設けられた工部省の工学寮、司法省の明法寮《みょうぼう》、同五年設置の開拓使仮学校といった機関がそれにあたり、それぞれ帝国大学の工科大学、法科大学の一源流をなし、また北海道帝国大学の農科大学の前身となった。

この時期について注意しなければいけないことは、われわれが歴史を論じる時、どうしても現存の教育体制からさかのぼることになるので、とかく文部省系の学校の源流を強調し、消え去ったものを無視しがちであるという点である。しかし、それでは歴史的事実を正しくとらえることはできない。だいいち学生の側からしても、いったい将来どういう就職口が開けているか見当がつかないままに勉強させられる文部省系の学校よりも、官庁への就職口に直結している職業訓練校のほうに、安心して身を託せたであろう。それに、一般に現業官庁系の学校のほうが待遇がよく、貧乏士族の子弟にとっては、その点が魅力的だった、という。藩からの推薦を受けて大学南校に入った連中にくらべると、工部省工学寮に入った者は貧乏書生で、諸方で食客をしていたような者ばかりだった。はじめ修技生として灯台や勧工寮や測量司などではたらくための技術を身につけようとしたのに、修技黌がつぶれるという噂におののいて、工学寮に入ってきた者も多かったという[10]。

このような状況下では、まだどのコースが出世コースの本流か、ということは十分見えてこない。麻生誠は、明治初年から帝国大学成立までのあいだに発生した高等教育の八つの原型をあげているが[11]、まさに出世の峰は八ヶ岳、どれを昇るかについては学生間に相当迷いがあったようだ。当時学生期をすごした人たちの伝記を見ると、口《くち》コミや先輩の助言にしたがって、いろいろな学校を渡り歩く学生のさまが認められる。

たとえば、後に帝国大学理科大学教授となった田中館愛橘《たなかだてあいきつ》は、佐幕派として悲惨な運命におそわれた南部藩の出身で、明治五年に上京し、まず慶応義塾に入った。そのうち、官費生として丸がかえにしてくれる学校に変わることとし、翌六年末に工学寮大学校の受験準備をしたが、治国平天下に関係のない、灯台を作る学問とか橋をかける学問しかないのに失望して開成学校へと志望変更し、明治七年に東京外国語学校（同年末東京英語学校となる）に試験を受けて編入されている。

当時はクラスを上るにもいちいちきびしい試験をした。東京英語学校は開成学校の予科にあたるが、それでも九年には入学試験を受けて開成学校に入学した。その際、田中館と同窓の英語学校生徒の一部は開拓使の勧誘に応じて札幌農学校に転じている[12]。内村鑑三や、のちに北大総長となる佐藤昌介、植物学者となった宮部金吾もそのなかにあった。宮部は後年「北海道の新天地を開拓するという大きな希望に燃えてのことだったのはいうまでもないが、実は官費生の待遇がよかったからです。……内村君や僕をはじめ、大ていは禄をはなれた貧乏士族の子弟だったので、それに動かされたのが実情です」とこの時のことを回顧している。[13]

東京大学から帝国大学へ

明治初年の朝令暮改ともいえる諸制度の実験、試行錯誤のくりかえしのうちにも、生まれた子供は育ってゆく。語学校であったものが、明治七年には専門学校レベルの東京開成学校・東京医学校となり、さらに明治十年（一八七七）、両者を併せて東京大学と名を改めたのは、子供が成長して、中学生が高校生になり、さらに大学生になって脱皮したという当然の成長の過程であって、東京大学となっても実質的にはそんなに大きく変貌したわけではなかった。東京医学校以来のお雇い外人教師E・ベルツも、東京大学創立一ヵ月後の五月十四日の『日記』で、「名称が変った以外には、今までのところ、何もなかった」[14]としている。

文部省が東京開成学校・東京医学校を合併して、東京大学としたのは明治十年四月のことであるが、実はその数ヵ月前の同年一月、工部省では、工学寮を廃し、その大学校を工部大学校と改称している。それまでは一般に工学寮といわれ、そのなかで大学と小学の区別があったにすぎないが、この時はじめて正面切って大学校と名乗ったのである。文部省としては一足先に工部省に「大学」の名を先取りされてしまって、あわてて改名したものらしい。

なお、前出の明治二年七月の官制改革で成立した「大学校」は、一面では昌平黌の後身としての教育機関であったというものの、実は後の文部省にあたる教育行政の中枢を司る官庁としての色彩が強く、大学南校、大学東校という呼称も文部省系の学校という意味である。また明治五年に、わが国最初の近代的学校制度に関する法令として「学制」が定められ、そこで大学は、全国を八つに分けた大学区の頂点に立つ「高尚ノ諸学ヲ教フル専門科ノ学校」とされたが、これは現実には実現していない。だから明治十年をもってカレッジまたはユニヴァーシティの意味での大学という名がはじめてあらわれたのである。

もう一つ、注意しておきたいのは、東京大学の開校時には、東京大学に至るまでの主流たる大学南校、南校、（東京）開成学校では、まだ正規の卒業生を出しておらず、同年の十二月十九日はじめて第一回卒業式を行なって、明治三年に南校に貢進生として入学した者のなかから、理学部化学科三名の卒業生を送り出しているということである。大学と名を変えたのも、卒業生へのはなむけの意味もあったのではないかと想像される。

ただし、東京医学校からは東京大学医学部になる前年の明治九年に二十五名の卒業生を出しており、翌十年以後に出た東京大学卒医学士の称号を持つ卒業生と差はないのに不公平だというわけで、明治十五年には彼ら第一回卒業生に准医学士を授け、さらに明治二十年になって医学士になおしている。[15]大学（校）に昇格する以前に、高等教育機関が卒業生を送り出してしまった唯一の例である。なお、工部大学校ではその前身の工学寮時代には卒業生はなく、明治十二年にはじめて卒業生を出している。

今日から見ておどろくべきことは、南校時代に三百十九人でスタートした貢進生のうち、明治十一年の段階で前記の三名の卒業生と十九名の在学生しかいない、という高いドロップ・アウト率である。もっともそのほかに明治八、九年には二十一名が卒業を待たずに海外留学生として出発している。彼らは東京開成学校在学生中の最優秀クラスで、むしろジャンプ・アウト組として卒業生よりも将来が約束されていた。明治八年には、フランスに行った工学の古市公威、アメリカに渡った法学の鳩山和夫、小村寿太郎など、同九年には、イギリスに行った法学の穂積陳重《のぶしげ》、化学の桜井錠二や杉浦重剛《じゅうごう》（後年、日本主義思想家として活躍）など、後に名をなす錚々《そうそう》たるメンバーである。では、残りの三百名に近い連中はどうしたか。開成学校、東京大学と制度自体も成長した七年のあいだに、その成長についてゆけず、消えていったのが大部分である。(16) また南校、開成学校から他の省庁の学校、たとえば司法省法学校、工部省工学寮に移ったものもあり、ここでもまた当時まだ出世コースが安定・定着していなかったことを物語っている。

明治十年代になってもまだ、専門教育の分野では実務官庁の勢力が強かった。これを公教育費のうえで見ると、明治十一年から同十八年のあいだの公教育費予算中、文部省系七九パーセント、非文部省系二一パーセント（ピークの明治十七年には三〇・四パーセント）となっている。[17]この統計の文部省予算には行政費も含むので、あまり意味ある数値とはいいがたいが、専門教育に関してはむしろこの時期の非文部省系の予算比率の大きさに注目すべきであろう。

明治十年代は、八ヶ岳ではないにしろ、まだ三つ、四つ出世コースの峰が見えていた時代であった。卒業生に学位（当時はまだ博士号がなかったので、明治十二年にできた学位制度では大学卒の学士号を学位と名づけている）を出すところだけ見ても、文部省東京大学のほかに、工部省工部大学校、司法省法学校、農商務省駒場農学校、北海道開拓使札幌農学校があったのである。このうち、工部大学校は高級エンジニアの供給源としては東京大学理学部よりも本流であったし、司法省法学校も、後身の東京大学法学部よりも法曹供給源の本流であった。つまり、理工系テクノクラートも法科系官僚も、それぞれ実務官庁の責任で養成するものであり、文部省系の東京大学は、師範学校ではつくれない高級な学校教師を養成すればいい、というように見られていた。文部省自身の守備範囲は教育界の人材養成にしかなかったのである。

しかし、明治十年代に文部省が教育界におけるヘゲモニーを着々と確立してゆく過程で、文部省東京大学の地位もあがってきて、各官庁もそれでは高級技術者や官僚層の養成も文部省大学に委託しようか、ということになった。たとえば、陸軍は明治十年、海軍はずっと遅れて明治二十四年に独自の医学教育機関を廃止し、文部省系の学校で一般医学教育を修了し

↑法科大学・文科大学　↑図書館

た者を採用して、彼らに軍事医学的な教育を追加するという制度に変えている。[18]

技師や法律家も実務に密着した専門的訓練を必要とするので、文部省への帰属が最も遅れた分野だったが、内閣制、立憲政体、議会政治の出発というように明治十年代末から二十年代前半にかけて、明治政府の機構の再編成が行なわれる過程で、すべての教育は体系的に文部省の手に握られる傾向になる。そして、司法省法学校（明治十八年、東京大学法学部に合併、合併時の名称は東京法学校）や工部大学校を統合し、つまり峰の大部分を併合して、富士山型の出世コースが生まれる。東京大学時代の学部を分科大学に改称し、法・医・工・文・理の五つの分科大学からなる「総合大学」帝国大学が誕生した（大正八年、もとの学部制にもどった）。

総合大学であるためには、各分科大学が同じ場所に集められている必要がある。

現在東京大学の本部のある本郷本富士町に一番乗りしてきたのは、東京大学になる前の東京医学校であった。下谷和泉

↑工科大学 ↗理科大学動物学及地質学教室
東京帝国大学（明治40年頃）

橋の地は低湿で、病院を置くに適しないから、早くから適当な土地を探して移ろうという議があった。はじめ、今の上野公園の地を医学校兼病院に、という案があったが、あそこは公園として取っておくほうがよいというボードイン（東校教師であった蘭医）の反対に遭い、本郷の加賀藩邸跡に明治八年起工し、翌九年に移っている。

明治十年に東京大学になっても、その本部、および法・文・理学部は開成学校の時のまま神田一ツ橋に置かれていた。そのなかで、法・文学部は講義だけすればいいのだからあまりスペースはいらないが、理学部となると、実験器械の設備をするために、すぐ校舎の手狭さが問題になってきた。それに一ツ橋の校舎はもともと寄宿舎として建てられたものであり、それを実験室にかえることはむずかしい。

そこで、理学部のために、本郷に移転する計画がはじまった。ところが、じっさいには化学実験室、博物列品室などの施設をほどこすには大きな予算を喰う。それに西南戦争後の緊縮財政にあって、思うように予算案が通らない。そのために、金のあまりかからない本部と法・文学部が先に本郷の地に建てられ、一ツ橋より移ったのが明治十七年のことである。理学部は一年おくれて翌十八年に移転を完了している。こうして、帝国大学開設時には東京大学の四学部はみな本郷の地に勢揃いすることになる。

新しく帝国大学の枠内に入ってきた工科大学については、はじめは虎ノ門の旧工部大学校をその校舎としていたが、明治二十一年本郷に新築成って、移転してきている。

これらの建物は、昔の人の話によると、分科ごとにそれぞれ個性を持った美しさを備えていたそうであるが、不幸にして関東大震災でほとんど瓦礫に帰した。

東京大学時代の学生数については図3（92〜93頁）の卒業生数からおよその状況が察せられよう。教師については、理学部では各専門に分れているため数が多く、とくに東京大学時代の初期は外人が教授陣に多い。明治十年にはモースなど外人教授十名、日本人は菊池大麓《だいろく》ら三名にすぎない。医学部では同年ドイツ人十一人、日本人七人の教授陣を擁している。文学部は明治十四、五年で外人教授フェノロサら三名、日本人教授外山正一《まさかず》、中村正直ら八名、法学部は規模が小さくて、明治十年には英国法関係英人教授二、邦人教授一を数えるにすぎない。

各学部とも、助教授、講師以下はすべて邦人で固められ、これら若いスタッフや留学帰りが東京大学時代にどしどし外人教授に入れかわり、帝国大学時代に入ると、外人の教授団のなかで占める位置は微々たるものになっている。

帝国大学になった直後は、定員は教授百十八人、助教授六十七人となっている。

学生の入学年齢は、東京大学の法・理・文学部系では予備門に入る最低限が満十四歳で、三年間の予備門生活の後、専門の学部に入って四年間、二十一歳で卒業できることになる。工部大学校のほうは十五歳で予科に入り、二年の予科、二年の専門科、二年の実地科を経て、同じく二十一歳で卒業できた。

これらが統合されて帝国大学になってからは、五年間の高等中学校を経て、十八歳で入学し、三年間在学して、二十一歳で卒業できるという制度になった。医科は他の科よりも一年修業年限が長い。

しかしそれはあくまで最低限のことであって、実際には卒業生の平均年齢は二十四歳から二十七歳くらいで今日の学生よりも卒業がおそくなっている。

帝国大学発足の背景

明治十九年の東京大学から帝国大学への改組は、開成学校から東京大学になった時のような単なる成長脱皮に留まるものではなかった。帝国大学への変身は明確に歴史上の一つの結節点をなしている。当時、大学だけでなく、時代のすべての相のうえで、明治前期の試行錯誤に一つの結論を与え、再構成する時期であった。この時にあたって、リヴァイアサン帝国大学が姿をあらわした。その姿は以後の教育界のみならず、日本のあらゆる分野に影を落とすのである。

維新の時に諸制度の断絶があるのは当然のこととしても、なにゆえに明治十九年前後にもう一つの諸制度の切れ目、あるいは離合集散のかなめがあるのだろうか。それはこの時期が、経済的にいえば明治初年のさまざまな制度的実験、たとえば近代化のための工部省に対する巨額の投資が、松方緊縮財政下の整理期を経て産業革命に向かっての再編成をすませ、いよいよ近代的経済成長への軌道に乗る時期にあたっていることと関係している。たとえば、近代経済学者大川一司は、「一八八五年は松方デフレーションの終止年にあたる。その翌年〔つまり帝国大学発足の年〕から日本の近代経済成長がまことの意味でスタートしたと見られる。この考え方によれば、明治維新から一八八五年までは近代経済成長への移行の時期である[19]」としている。それまでの約十五年間は、近代的経済成長へ離陸するための助走期間だったのである。

明治十九年ころが日本社会の近代化への離陸期だというのは、何も経済に限ったことではない。政治や教育その他の制度的な面で、より明確に時期を劃《かく》することができる。

その前に明治十四年（一八八一）の政変なるものがある。この年、自由民権運動は最高潮に達した。この波を押えるべく、同年十月十一日にくわだてられたのがこの政変である。プロイセン的立憲君主制を採ろうとする伊藤博文一派が、この政変で、英米式の自由主義的色彩を持つ参議筆頭の大隈重信を追い出し、一方、来る明治二十三年に国会を開く旨の詔勅を用意して、民権派の国会開設の要求に対して政府ペースのイニシャティブを取ろうとする先制攻撃に出たのであった。その筋書づくりの役割を果たしたのが、ロエスレルの指導のもとにプロイセン式憲法の制定準備に当っていた、伊藤の参謀井上毅《こわし》である。

政変のあと、伊藤博文たちの打つ手が着々と効を奏し、帝国大学成立前後には、明治立憲政府の基礎がための出来上りつつあった。すなわち、明治十八年の内閣制度確立、二十年の文官試験の規則公布、二十二年の大日本帝国憲法制定、二十三年の帝国議会開設など、この時期に発足した諸制度には戦前日本を支配し続けたものが多かった。それら諸制度の一環として、諸学令の発布、帝国大学の成立がある。この教育体制づくりは、明治十五年パリで伊藤博文と会った折に教育問題について意見を述べたのが機縁となって、帰国後、伊藤内閣の文部大臣となった森有礼の手ですすめられた。

この結節点を教育・人材養成の面から考えると、明治の初年に目先の必要をみたすためにさまざまな形でつくられた各実務官庁の学校や公私の人材養成機関を整理して、一貫した教育体系をつくる時期であり、そのピラミッドの頂点に帝国大学が持ってこられたのであった。

なぜ「帝国」大学か

「大日本帝国」は明治の初めから存在していたわけではない。正式には明治二十二年（一八八九）の大日本帝国憲法発布がその出発点である。だから、「帝国大学」は「大日本帝国」より先に生まれたといえる。それは、いろいろ「帝国」の名を冠したもののあるなかでは先輩で、おそらく制度の呼称としては最も早い用例であろう。

帝国ないしはエンパイアはナポレオン以来十九世紀にあってはかなり濫用されている。イギリス国王がインド皇帝となって大英帝国をつくったのが一八七七年で、植民地を獲得していって国運隆々たるさまに敬意を表する意味で、ブリティッシュ・エンパイアという言葉が使われた。

明治初年、日本に来た外国人教師たちも、天皇をキングではなくエンペラーとよぶ外交辞令は心得ていた。そして、明治六年に来日した学監のアメリカ人ダヴィッド・モルレーは、日本のことをよぶのにエンパイアという語を頻発している。この語は当時の文部省年報の学監申報では「帝国」と訳されている。[20] おそらくこれが公的文書にあらわれた初出であろうが、一般には全然普及しなかったと見えて、あとがつづかなかった。また、明治十五年に統計局から『日本帝国統計年鑑』の刊行が開始されているが、一般に「帝国」を普及させる力にはならなかった。

というのもむりはない。実は、「帝国」という漢語そのものが、まだ日本人にはなじみのうすい言葉だった。そもそも中国の古典のなかにもこの言葉はめったに出てこない。共和国や王国とともに、近代西欧語の訳語として新しく造られたものといってもさしつかえない。

『東京帝国大学五十年史』によれば、明治九年刊の『東京開成学校一覧』に英語で Imperial university of Tokio としたのが初出で、官立という意味を英訳する際に Imperial としたのだろう、という。[21] 東京大学や工部大学校の外人教師が欧文刊行物のなかで自己の所属をあきらかにする時は、それぞれ Imperial college, Imperial college of engineering などの英語を使っているが、それもおなじく官立という意味を持たせるためであったのだろう。ちなみに、英語ではそれに近いものとして「ロイアル royal」という言葉があるが、これはイギリス王室が認可を与えたものという意味であって、必ずしも官立ではない。有名なロイアル・ソサエティも官立ではない。日本の大学にインペリアルという形容詞を附したのは、外人教師たちが自分たちの職場を西洋人社会に紹介する時に、イギリスのロイアルとの混同を避けて官立という点を強調し、そのうえいちばん権威があってひびきのよい言葉を選んだのだろう。

「大日本帝国　インペリアル・ジャパニーズ」の名を内外に庶民に至るまで拡げたのは、大学や役所よりも郵便切手である。明治九年発行の、郵趣家が小判切手とよんでいる切手から、「大日本帝国郵便　Imperial Japanese Post」という和英文の表示がされている（大石紀夫氏の御教示による）。これが帝国大学の英語呼称にどれほど影響したのかわからないが、帝国大学の正式英語名には Imperial university of Japan が採用された。日本帝国大学である。いずれお雇い外人教師に相談して決めたのだろうが、これこそが日本における唯一無二の大学だ、という点を強調する趣きがある。それはつねに対抗馬として意識されてきた工部省工部大学校を吸収して、名実ともに天下統一のヘゲモニーを握った文部省帝国大学の名にふさわしい英語呼称であった。

時の文部大臣森有礼は、ふだんこの大学をインペリアル・ユニヴァーシティと英語でよんでいたという。そして彼自身が「帝国大学令」の制定者であるから、インペリアルに帝国という訳をあてるうえでは森が責任者であったといってよい[22]。

日本語の「帝国」という語はできたての熟さない言葉であっても、対外的にインペリアルの呼称は広い通用力を持っていた。時まさに鹿鳴館時代、条約改正を達成するためには、当方にも西洋なみのインペリアル大学がございます、と西洋の外交官や貴顕を招いて披露、誇示する必要があった。実際帝国大学の卒業式や皇族行啓の折など、機会あるごとに英、独などの公使らを来賓に招いている[23]。その際旧名の「東京」大学より「帝国＝インペリアル」大学のほうが西洋人に強く印象づけるものと大学側は信じたにちがいない。

鹿鳴館的虚飾

そうした儀式の際に着用すべきものとして、帝国大学になってからすぐに、欧米諸大学の礼服の帽子にならった菱形帽を制帽（ただし夏の制帽は、赤紫の甲斐絹の帽帯つきのカンカン帽）、詰襟洋服を制服と定めた。一説には、遊里に出入りする学生を取り締るために、制服・制帽を課したといわれるが、明治年間に学生が常時、制服・制帽をつけていたとは考えられない。もう少しあと、明治四十年頃の教室での授業風景の写真を見ると、学生の大部分はまだかすりの着物に袴、なかには紋付を羽織っている者もある（112頁、写真参照）。やはり制服・制帽は儀式の時にのみ課せられた鹿鳴館的虚飾性の産物と見なすべきだろう。

また教師に対しても、祝賀式の心得として、大学予備門の場合、

本校職員ハ燕尾服若《も》クハ「フロックコート」ヲ着用スヘシ、但大礼服ヲ着用スルモ邪《さまた》ケナシ

とある。[24]さらに憲法発布にあたって（当時、予備門は第一高等中学校になっていた）、後方から見ると英国大学のガウンに似、前方から見ると本邦古式の直垂《ひたたれ》に似た式服をデザインして、学生を引率して天皇を宮城正門外に迎える時、教師にそれを着せることになった、という。[25]

明治の文明開化のショウ・ケースとしての帝国大学は、予備門よりもさらに鹿鳴館的虚飾が強かったことは、容易に想像される。明治十九年三月に帝国大学になった時、東京大学時代の綜理で蕃書調所時代からの洋学者である加藤弘之は元老院議員に転じ、外交官や東京府知事の経歴を持つ行政官渡辺洪基《こうき》が総理大臣伊藤博文の強い要請で初代帝国大学総長に据え

られた（加藤は、明治二十三年、渡辺のあとをついで二代目の総長になっている）。

渡辺は東京大学よりも工部省の工部大学校系に勢力があった。その年の七月二十五日に帝国大学になって第一回の卒業式が、もとの工部大学校、つまり虎ノ門の工科大学で行なわれたのも、その関係によるものだろう。

その式には英国公使と伊藤博文首相、それに伊藤の法律顧問ドイツ人ロエスレルの三人が記念講演をしている。そしてその夜がまた傑作である。帝国大学系の学者の雑誌である『東洋学芸雑誌』によると、

又同日午後九時、同所に於て帝国大学総長〔渡辺洪基〕幷《ならび》に渡辺夫人は、当日の卒業式を祝する為、大学の教官・学士・本学年の卒業生幷に大学に縁故ある内外の貴紳士及び其夫人を延接《えんせつ》し、且つ余興として舞踏を催ふされたり。同夜招待に応じて来会せし者四百名余、殊に洋服着用の婦人方も多人数ありて、午前の簡単にして且つ厳粛なる式に反して余程賑かなる夜会にてありけり。かくして学者幷に貴婦人の会合して共に歓を尽したることは、大学に於て嘗《かつ》て其類を見ざる所にして、渡辺総長幷に同夫人の為最も祝賀すべきことにこそ。

とある。(26) 当時政府筋から帝国大学に何が期待されていたかも想像できよう。

余談になるが、帝国大学令の出た翌年の明治二十年一月、条約改正に懸命で鹿鳴館時代の生みの親とされる井上馨《かおる》外相の強いすすめで渋沢栄一、大倉喜八郎、益田孝などの財界のトップ・クラスが帝国ホテル建設を議している。鹿鳴館は宴会場だが、それに対応する、外人に通用するホテルが必要とされたのである。同年十二月に政府のイニシャティブで民間企業帝国ホテル会社が設立され、明治二十三年三月開業のはこびとなる。(27) 以後帝国の名を冠することが流行したという。

今日、「帝国」という言葉はつねに違和感をともなって発音される。若い世代は「帝国主義」以外に帝国という言葉の使い途を知らないだろう。いま「帝国」という名を冠した大学があらわれたら、皮肉でも何でもなくて、そのまま帝国主義大学と受け取るのが、今日の学生の常識だろう。

明治十九年の帝国大学の発足当時は、「帝国」さえも日本語のボキャブラリーのなかに定着していなかったのだから、もちろん「帝国主義」という言葉も一般には使われていなかった。明治十九年ころには、西洋でもまだ帝国主義といえばナポレオン的ボナパルティズムのことで、しかもそれが肯定的に語られるのが常であった。帝国主義に対する否定的見解が出るようになったのは、一八九〇年代のドイツの社会主義陣営からで、「帝国主義」という言葉が一般に批判的に使われるようになったのは二十世紀に入ってからである。幸徳秋水の『廿世紀之怪物帝国主義』が出たのが明治三十四年（一九〇一）で、日本語の文献としては記念碑的なものである（なお、明治三十二年ころ、世間では帝国大学のことを「一種怪物的の学校」と呼んでいたというが[28]、幸徳の著書のタイトルと妙に符合する）。

帝国大学の帝国は、時期的にいって、帝国主義の帝国よりも、むしろ帝国ホテルの帝国、つまり鹿鳴館式の金ピカ的呼称であった。それは明治政府の華やかな外向きの顔であった。内向きの顔はおのずとことなってくる。それは少なくとも以後の日本の教育界、学問の世界、立身出世の世界にあって、「帝国主義的」なふるまいをする。その内向きの顔を描くことがこれからの章のテーマである。

第二章　帝国大学のモデル――ドイツの大学から学ばなかったこと

本郷キャンパス最古参の東京大学医学部

国家によるモデル選択

西洋の大学は、ボローニア大学やパリ大学をはじめとして、中世（十二、三世紀）に起源を持つというのが定説になっている。[1] 大学は学生や教師の組合として出発したというから、まず起源においては自然発生にちかい状態であって、時の政府がつくったといったものではなかった。その後大学は、歴史の荒波にもまれて、なかにはつぶされてしまったものもあったが、多くが近代社会まで生き残り、さらに栄えた。つまり、大学のほうが近代国家やその政府より先輩ということになる。

大学が聖・俗の権力の保護を受けながら、またしょっちゅう権力とのあいだに摩擦をおこし掣肘《せいちゅう》をうけながらも生き延びて、近代に至るあいだに、外部権力によってそのシステムや教授内容に根本的な変容を受ける、という経験はあまりなかった。オクスフォードやケンブリッジの大学は政府から独立した封建領主のような観を呈していたし、アメリカでも、ハーバードはじめ古い大学のなかでは、われわれのところは合衆国政府より古いのだ、だから新参者の政府の掣肘は受けない、というメンタリティが強く働く。

ところが、帝国大学は完全に明治政府の創作物だといってもいいすぎではない。かりに旧幕時代にそのかすかな起源を求めたところで、所詮それも幕府によってつくり出されたものであって、維新後つぶされそうだったのを明治政府によって再興してもらったという弱い立場にある。とても大学が時の「政府から独立した封建領主」というわけにはいかない。それは教師の大学でもない、学生の大学でもない、国家の大学である。文部省の東京大学、大日本帝国の帝国大学にほかならない。

明治政府の側からすれば、維新の断層のうえにまったく新規に大学を築きあげるのだから、歴史や伝統から何の制約も受けずに、自由に大学の型の選択、ないしは新しい型の創造さえできるはずである。そこでまず、政府は欧米先進諸国に日本の大学制度のモデルを求めることになる。この章では、明治初年から帝国大学の成立まで、明治政府が当時の国際的な大学事情のなかにあって、どの国の制度を取り入れようとしたか、つまり生み出すべき日本の大学のモデルをいかにして選択していったか、その軌跡をたずね、その評価を試みたい。

十九世紀後半の学問界の国際情勢

まず、明治政府が大学制度のモデルを外に求めた十九世紀後半における学問界および大学についての国際情勢をかんたんに見ておこう。

科学史のうえでは、十九世紀にあっては英・仏・独三国が三者鼎立《ていりつ》しているように見えるが、より細かく見ると、イギリスが科学活動の中心であったのはせいぜい十八世紀までで、十九世紀初頭にはフランスが、十九世紀後半には完全にドイツがその中心となり、二十世紀に入って第一次大戦後にはその中心がさらにアメリカに移る、という傾向が見られる。だから、明治時代には学界の最先端はドイツにあった。

この世界に冠たるドイツ科学（ヴィッセンシャフト）の名声を支えたものは、ドイツの大学である。ヴィッセンシャフトとはドイツの大学で講じられ、研鑽されるものと同義である。

大学というところは本来、既成知識を一つの世代から次の世代へ伝承する教育の場所であって、必ずしも新しい知識を研究開発する場所ではなかった。研究は大学よりもむしろアカデミー（学士院）で行なう、というのが十八世紀の欧米の通念であった。その通念を破って、大学で教育と研究とを一致させる、最良の大学教師は最良の研究者であらねばならない、というフンボルトの理念を体現して、十九世紀のドイツ大学は栄えたのである。今や学問の世界でいちばんえらいのは、王や貴族を取りまく雲のうえの存在であるアカデミー会員よりも大学教師である。しかも大学入学資格（アビトゥール）を持てば、どこの大学でも聴講料さえ払うとその講義を聴くことができる。となれば、若い知識欲旺盛な学生は津々浦々から笈を負うてやってくる。

こうした、ドイツの大学の制度自体は、とりわけ革新的といえるようなものではない。むしろ意外に古い中世の制をそのまま保っている。その学部構成も一般教養を教える哲学部のうえに神学・法学・医学の専門学部が乗る、という中世大学以来の構成である。ただ十八世紀末くらいから哲学部が他の専門学部と同格になり、自らの手で学位Ph. D.（哲学博士）を出せるようになった。もはや他の学部の下級学部・教養部として従属せず、独立したのである。

実はドイツ大学の国際的声望の根源は、この上昇気運に乗った哲学部にあった。一八一〇年に開学したベルリン大学は、その初期にフィヒテ、シュライエルマッハー、さらにヘーゲルなどドイツ観念論の大立物《おおだてもの》を擁して、国際的な名声をかちえ、ドイツ近代大学のモデルともされているが、哲学部は何も狭い意味での講壇哲学だけを包容するものではない。十八世紀末から起こった古典学ゼミナールや一八三〇年代以後に発達した自然科学実験室の発展も、ドイツのヴィッセンシャフトを支える大きな柱であった。

十九世紀におけるドイツ大学の興隆をいう時、少なくとも学生数や教師数の急成長の面から見ると、それは神・法・医の旧上級学部についてよりもこの哲学部に最も当てはまる。さらに哲学部のなかでも、世紀半ば以降の理学系の学問の拡大には目ざましいものがある。[2]その新興哲学部のひそみにならって、医学部や法学部のような伝統的なディシプリン（専門的訓練）のなかでも、医学の科学化、法学のヴィッセンシャフト化といった形でカリキュラムの近代化が起こったのである。

またドイツでは、ベルリン大学が唯一の尖塔ではなく、とくに十九世紀後期にはプロイセン以外の西南ドイツの諸大学に研究の中心が移行する傾向が見られる。一八七〇年までドイツはビスマルクによって帝国に統一される前の領邦制度の下にあり、各領邦君主はよい教師を引き抜いて自らの領内の大学を他所よりよくしようと競う風があった。学生はよりよい教師を求めて大学から大学へと移動し、大学間、学者間の競争による刺激が働く。この競争条件がうまく機能してドイツ大学は空前絶後の盛況を呈した。

この興隆ぶりを目のあたりにして、イギリスからもアメリカからも、さらに誇り高きフランスからさえも、留学生がヴィッセンシャフトの栄光をしたってドイツの大学に蝟集《いしゅう》した。表1はドイツ大学に登録した外人学生を出身国によって分けたものである。そのほかに登録しない留学生、見学者も無数にあったと考えられる。そしてこのブームのあらわれとして、十九世紀後半にはドイツの大学の制度や科学を紹介した出版物が、英語、フランス語、さらに清朝の中国で中国語でも、出版されている。

経済や産業の上ではドイツよりも先進国であるイギリスやフランスも、脅威を感じたにち

表1　ドイツの大学に登録した外人学生数

国名	1835		1860		1880	
		%		%		%
オーストリー	41	9	114	15	178	16
スイス	233	50	236	31	213	19
ロシア	64	14	156	21	204	18
イギリス	26	6	42	5	71	6
フランス	21	4.5	9	1	21	2
スカンジナビア	21	4.5	14	2	22	2
ベルギー&オランダ	16	3	23	3	34	3
他のヨーロッパ諸国	30	7	77	10.5	167	15
アメリカ合衆国	4	1	77	10.5	173	15.5
他の非ヨーロッパ諸国	6	1	8	1	42	3.5
合計	462	100	756	100	1,125	100

『日本科学技術史大系』国際，83ページ．1880年の「他の非ヨーロッパ諸国」とあるのは，大部分日本人学生で，医学部の登録が多い．

がいない。イギリスではオクスフォードやケンブリッジで上流階級の子弟のための紳士教育が行なわれていた。この大学のなかにドイツ大学の研究至上主義を取り入れようと先進的識者が努めたが、伝統の抵抗にあってなかなかうまくゆかない。むしろ十九世紀中葉にできた新興のロンドン大学で新興学問を受け入れる試みがなされていた。

フランスは、フランス革命およびそれにつづくナポレオン体制下で、学校制度の中央集権化と研究と教育の分離が促進され、研究はアカデミーを中心とし、教育では有名な「グランゼコール」（高等専門学校）の制度をはじめとして、ドイツ大学式の自由な研学よりも効率よい専門教育を推し進めるという路線であった。

新興国アメリカでは、旧来のイギリス式の紳士教育を旨とする大学学部のうえに大学院を作って、そこをドイツ式の学問研究の場としようという制度的試みが進行中であった。これは二十世紀に入って、大学史上ドイツ大学につぐ新しいモデルとなる[3]。

神学やレトリックは根づかず

こうした国際環境のなかで大学づくりをはじめる明治日本としては、ではまっすぐドイツ大学モデルを輸入したかというと、そうかんたんにはゆかない。

一般に片々たる学術情報や技術的知識ならばその発生源である西欧の文化からはなして、そのまま日本のような異なった文化的環境に移植することも不可能ではない。しかし、そうした知識を産み、伝承するための大学という制度をそっくりそのまま移植することは、まず不可能にちかい。それは、大学という世俗的機関が、政府、学生、教師などその土地に固有なさまざまなグループの利害のひしめくところであり、一国あるいは一地域の文化的伝統に根深く結びつけられて棲息しているからである。ある意味では、大学は文化そのものといえる。そしてそれはまた制度としては複雑な一つのシステムをなしていて、要素分析してかんたんに採長補短ができるようなしろものではない。

外国の大学の制度を資料によって調査して、その実態をとらえようという試みが明治初年に学校取調御用掛の洋学者によって多くなされたが、システムとしての大学は、結局はそこで学び、または教えないとわからないものである。しかも学生の経験から見る大学と、教師が生活をかけた場として見る大学とでは、そのアングルのちがいから、まったく異なったものになることがしばしばである。

ところが教師はもちろんのこと、欧米大学でみっちり修業した留学生人材にも事欠く明治初年のことである。そこでまず日本の大学づくりの際のモデルは、お雇い外国人の顧問や教師によって与えられることになる。たとえば、明治三年二月に明治政府は「大学規則」と「中小学規則」を発布し、そのなかで中学・大学では学科を教科・法科・理科・医科・文科の五つにしている。(4)そのうち教科の内容は「神教学」「修身学」とあり、あきらかに西洋の神学に相当するものを考えている。

この案の作成には、後の東京大学綜理（当時大学大丞）加藤弘之ら洋学者が当ったといわれるが、[5] そのモデルとするところは明白である。この型は、お雇い外国人教師たちの尊敬おくあたわざる十九世紀ドイツ大学をほうふつさせる。ただちがう点は哲学部が文科と理科とに分れていることである。ドイツ大学の哲学部は今日の文学部と理学部をあわせたようなもので、中等学校教員を供給することを主として、新興の教師プロフェッションの再生産機構となってきた。さらに哲学部から自然科学部が独立しようという機運にあったのが、明治初年のころのドイツ大学の学部構成状態であった。その状況がそのまま明治三年の「大学規則」の学科構成に出ているのである。

しかし、この教科という学科はついに根づかなかった。西洋の大学でも神学部は十九世紀には斜陽の学部ではあったが、小さいながらも伝統の痕跡として大学の「おいなりさん」的役割を果たしていた。ところが、日本の国立大学にキリスト教神学をそのまま移植する必然性は考えられない。明治政府、とくに明治天皇や元田永孚《ながざね》を中心とした支配層の保守的分子は国粋的、あるいは儒教的教学を大学のカリキュラムのなかにもりこもうと最後まで努力したが、伊藤博文やその参謀井上毅の政府合理派の実学至上主義によっておさえられ、ついに道徳や宗教の学は大学のなかでは学部学科として認知を受けることはできなかった。[6]

また明治三年閏十月に出された「大学南校規則」[7] によれば、文科の学科には「レトリック、ロジック、羅甸語《ラテン》」等があげられている。レトリックは西洋の学問的伝統に固有な、重要な科目であるが、十九世紀にあってはすでに斜陽化していた。その伝統のまったくない日本に根づくはずはなかった。ラテン語も同様である。

国別選択採用の原則

お雇い外人たちがいくら西洋の大学の理念を説き、学部構成を直訳して提示しても、明治政府のホンネからすれば、まず欲しいものは、何年先になったら効果が出るかわからない大学制度の設計図よりも、また学問の研究よりも、とりあえず必要な既成の専門知識であった。そのためには国ごとに狙いを定めて人を派遣し、それぞれの国の長所を採ってくることが緊要である。

明治三年十二月二十五日付の岩倉具綱《ともつな》（岩倉具視の長男）自筆になる「海外留学生規則案」[8]がある。それには欧米諸国それぞれの長所を列記し、それぞれ学ぶべき課目を指定している。

英吉利
器械学　商法　地質金石学　製鉄法　建築学　造船学　牧畜学　済貧恤窮《せいひんじゅっきゅう》

仏朗西
法律　交際学（国際法）　利用厚生学　動植学　国勢学　星学　数学　格致学（物理学）

化学　建築
独逸
政治学　経済学　格致学　星学　地質金石学　化学　動植学　医科　薬制法　諸学校ノ法
荷蘭（オランダ）
水利学　建築学　造船学　政治学　経済学　済貧恤窮
米利堅（アメリカ合衆国）
郵伝法　工芸学　農学　牧畜学　商法　鉱山学

この表にあらわれた各国の長所の判断は、おそらくフルベッキのようなお雇い外人顧問の意見によったものだろうが、明治初年にしては、あまり的はずれでない海外事情の認識を持っていたといえる。ここでドイツからは「諸学校ノ法」を取ろうとした点が注目される。ドイツは大学教育だけでなく、当時成立しつつあった中等教育でも世界の教育界の注目を集めていた。

この国別選択の話を国際学会の折などに西洋人に話すと、みな苦笑いする。彼らの知らないあいだに、極東の一孤島で欧米列強の品定め、採点評価が下されていたからである。日本人は国際比較の名手である。江戸時代の間は中国と西洋とをつねに比較して、その長所を採り、あるいはよりよいほうに学ぶべき路線を切りかえようとして、批評眼をやしなってきた。そしておそらく、この明治初年の時点において、諸学問のフロンティアの公正で客観的な国際比較をするうえに最もよい位置にあったのは日本であったろう。

日本はついに植民地化することなくすんだから、他のアジアの多くの地域のように、宗主国との支配・隷属関係において一方的にある特定国の文化や学問を押しつけられることはなかった。たとえば、インドのようなところでは、近代との接触は宗主国のイギリスとの関係にかぎられ、イギリス人に肝心要《かなめ》のところは独占される。西洋の近代科学技術はイギリス人の手によって移植されるが、彼らイギリス人技術者は国益ないしはイギリスの会社の利益を代表し、要にあたるところをおさえていて、インド人の介入を許さない。そこで現地人に完全に任せれば二、三年で追いつけるような技術まで外国人ににぎられてしまって、国産の技術および技術者がそだたない。

これに反して、日本の明治のやり方は、自らの判断で採るべき外国の学術を指定し、外人教師、技術者を雇ってくる。そこには、一国とだけ特別の関係を結んで植民地的支配をされるよりも、いろいろな国から招いて勢力の均衡をはかろう、という意志がはたらいていたと考えられる。お雇い外人は一定期限雇われたあとで首を切られる。彼らはすべて個人契約であって、外国の権益を代表して居すわるというのではない。維新時の政策立案者のあいだでは、西洋の学問は儒教的学問とちがって専門化しているから進んでいるんだ、だから学問を専門化させねば、西洋に追いつき、対抗することはできない、という認識がつとに形成されていたと思われる。そして専門化したそれぞれの学問をその専門の最も進んだ国から採用しようと計ったのである。

明治四年正月、後に教育勅語の草案を書き、帝国大学講座制の立案者ともなる井上毅は、当時中舎長の地位にあって「学制意見」をものし、新しく貢進生を徴《ちょう》して語学を教え、そのうえで外国人について科学を学ばせよう、「語学已熟《いじゅく》ス、其科学ニ於ルハ楫レ流ノ勢ナラン」[9]としている。

私の知るかぎり、これは「科学」なる語の初出にちかいものであるが、その科学は今日の自然科学、サイエンスを指すのではなく、むしろ分科した学問つまり専門の学をいうのである。つまり専門学の科学は普通学の語学に対置されるものである。まず西洋の言葉をマスターし、それを使って専門の学問をとり入れようという方針は、大学の理念とか制度とかいう議論よりも前に、当面の急のこととして意識されている。

かくして、西洋の専門的科学知識を輸入するには、それぞれの専門で最もすぐれた国を指定し、そこから教師を招き、まずそこの国の言語を勉強させ、そしてその国に留学生を派遣するという路線がきまった。

その際、招かれて来日する外人教師は、大学の制度について、ふつうは自国の慣行以外は熟知していない。そこでどうしても自分の体験した自国の制度を持ちこもうとする。前述の学問の輸入先指定のことも考えあわせると、特定の学問＝特定の国＝特定の外国語＝特定の外国人教師＝特定の大学制度という関係が成り立つはずである。[10]

しかし、それでは一貫したシステム作りはできるものではない。いたずらに外人教師のそれぞれの意見主張を聞いていては、ふりまわされ、混乱を増すのみである。そこで彼らを大学の管理運営や政策決定から遠ざけ、システムとしてはフランス型とも英米型ともドイツ型ともつかないものを場当り式に折衷して切り抜けるというのが、実状であった。

何しろ帝国大学が発足するころまでは、教授陣のほとんどは外国人、しかも日本人による授業でも日本語化への若干の努力にもかかわらずほぼ完全に外国語でなされていたのだから、とりあえずどこの国から教師を呼んできて、どこの国の言語で学ぶかが問題の焦点であって、システムとしての大学制度の本格的な議論は、教授スタッフのほとんどが日本人に切りかわる帝国大学成立以後に持ちこされることになる。そこで以下では、帝国大学成立まで、主として語学を柱にして、大学づくりの模索の過程を述べよう。

医学の特殊事情

前記の、特定の学問＝特定の大学制度という等式がいちはやく、そして無修正で日本の大学制度のなかに成立したのは、医学の分野においてである。

江戸洋学の中核体であった蘭方医のあいだでは、たとえば石黒忠悳《ただのり》が、英語は成程世界的通用語であらうが、併《しか》し学術上の事、特に医学に関しては必ずや独逸に頼らなければならぬと、確《かた》く信じてゐました。何故といふに一体私共は蘭学出身で、其の蘭学なるものは殆んど十の六、七は独逸の翻訳といつてよい位なのです。……日々読む書物の十中六、七は皆独逸人の原著です。つまり私共は従来、蘭語を通じて独逸医学を学んでゐたのです。(11)

と述べているように、蘭医学のもとはドイツ医学だ、という認識がすでに普及していた。そうしたことが背景にあったからこそ、明治二年という早い時期に、戊辰戦争の際に活躍した功をもって新政府に喰いこんでいたイギリス人医師ウィリスを追い出してまで、ドイツ医学一辺倒が決まったといってよい。

十七、八世紀ならともかく、十九世紀ともなればオランダの科学界における勢威はおとろえ、輸入蘭書もたいてい他国語の著書の蘭訳になってきた。そのあいだでとくにドイツ語原著のものが目立ちはじめていた。

十九世紀中葉から後半、つまり明治前半期に日本が欧米のどこに学ぶかを模索している時期は、科学、あるいはヴィッセンシャフトのうえではドイツが他を圧していた時期にちょうど重なる。このことは前述の通りだが、医学の分野で他にさきがけてこのドイツ優位の認識

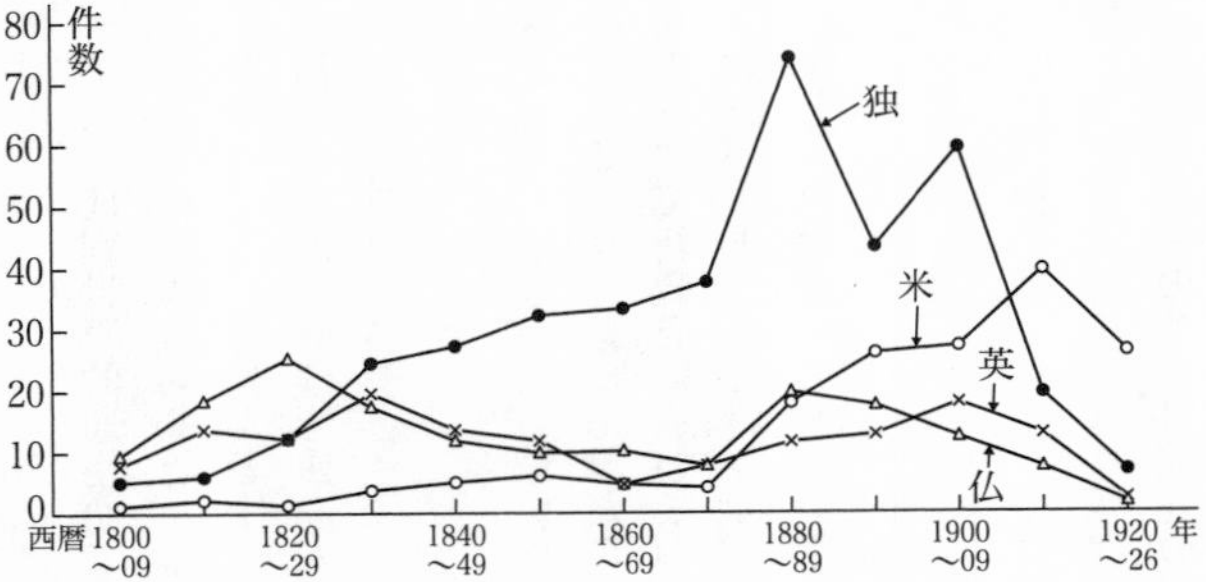

図２　医学研究における国別発見数（1800～1926）
(F. H. Garrison, *An Introduction to The History of Medicine*, 4th ed., 1929より作成)

が確立したのは、他の分野よりもそれだけ具眼の士の層が厚かったからだといえる。医学研究成果の国別消長のグラフ（**図２**）を見ても、このドイツ医学の優位の認識は正鵠を得ていたことがわかる。

薩藩が支持したウィリスをはずして、ドイツ医学を採用しようというのも、一種の政治的決断であって、その背後に新政府領袖のあいだの確執があったらしい。しかし、それは後に明治十四年政変を契機として顕著になった国策としてのドイツへの傾斜とは性質がちがう。普仏戦争の勝利のもとにドイツ帝国が誕生する（明治三年）以前の時期には、そこまで国をあげてドイツ一辺倒になる理由はない。

実際には普仏戦争にはばまれて、ドイツ人医師（プロイセン軍医）のミュルレルとホフマンが大学東校に着任したのは明治四年であるが、この時から医学の用語も完全にドイツ語に変えることが要求され、予想以上のドイツ医学一辺倒方式が実施された。明治初年はまだ日本側にも準備のない時期だったから、「その上に日本人の医者を立つべからず」という条件つきで招聘《しょうへい》された二人が、思いのままに権限をふるったのであろう。

医学校の系統でも、はじめは英語で教えていたので、医学よりも英語をならうつもりで医学校－大学東校にあつまる学生が多かったが、明治四年十月に南校と同じく東校もいったん閉校して、教職員、学生をえらびなおした際、予科からラテン語やドイツ語を教えることにし、ドイツ人教師で東校－東京医学校を固めて、英語を完全に駆逐した。教師は全員ドイツ人である。また東京大学になってからの医学部予科の入学試験にもドイツ語の和訳や独作文を課している。

地方ではまだオランダ系、イギリス系、フランス系の医学も行なわれていたが、日本の医学プロフェッションの中核的再生産機構をおさえたドイツ医学は、明治政府の中央集権路線に添って急ピッチで地方をも制圧することになる。明治十五年二月、地方医学校は東京大学医学部の卒業生である医学士を教師の定員に入れなければ認可を与えないという「医学校通則」を制定することによって、ドイツ医学を全国の医学教育の本流とする布石は完了した、といえる。(11)

法理文では英語

しかし、他の分野ではドイツ優位の認識を制度的に実現することはずっとおくれる。「英語帝国主義」時代といわれる今日ほど支配的ではなかったにしろ、維新のころにも国際語として最も通用するものは英語であった。いくら科学の世界で新興ドイツ語が勢力を持ってきたにしろ、南校、開成学校で教える普通学のレベルでは、英語系が多数派を占めていた。南校時代、外人教師の内訳は英語教師八名、仏語五名、独語四名となっている。

ところで、外人教師と一口にいってもいろいろいる。明治の初年はまだ十分日本側にも選択眼がなかったので、横浜あたりにゴロゴロしている不良外人をつかまえてきて、教えさせるというようなこともあった。語学の習得を目的としているあいだは、それでもよかった。しかし、明治六年に開成学校にして、専門教育をはじめようとすると、そういうわけにはいかない。そこで以後は外人顧問や在外公館の推薦を通して、もっと筋の通った専門的知識を持つ教師が集められた。たとえば、モースの勧誘でフェノロサやメンデンホール（物理学）が来日し、青木周蔵駐独公使の斡旋でナウマン（地質学）の招聘が決まっている。

外人教師の来日の動機はさまざまである。ただ共通項は給与の高い点で、みな大臣か次官級の待遇を得ており、日本人教師の数倍になる。

はじめのうちは、前述した国別選択採用の原則が生きていたので、明治四年に設置された当初の文部省の省内に、「広く欧米教育の長所を求むるの主旨をもって、米英独仏の四ヵ国から一人ずつの学者を招聘して顧問とする」という計画があった。その人集めに畠山義成《よしなり》（明治六年末に開成学校長となる）が渡米し、幕末に留学した時の恩師であるダヴィッド・モルレー（マレー）に相談した結果、まずモルレーを雇用することにきめた。そして畠山は、四ヵ国の学者を招聘しても意見多端で、とうてい統一を得ることは難しいだろうと、専断で他の三ヵ国の学者を雇用することを中止し、モルレー一人をともなって帰国する[10]（明治六年）。

その年の四月には、開成学校で専門教育をはじめるにあたって、教授用語をもっぱら英語にかぎることにしている。英語圏外から来た仏・独人などのお雇い外人教師も、英語で教えることを強要された。そしてそれまで英・独・仏の三ヵ国語に分れていた語学専攻のうち、独・仏語専攻はなしくずし的に廃止されることになった[10]。国別に長所を採る原則は、語学の壁にあって、もろくもくずれるのである。ついで、文部省の学監となったモルレーの下で、明治七年九月「従前ノ法学理学工業学ノ教科ヲ革《あらた》メ更ニ英米大学ノ規程ニ準拠シ其宜《よろし》キヲ折衷シ法学化学工学ノ科程ヲ定ム[12]」とあり、予科の二年は毎期英語が課されており、独・仏語はまったく駆逐される。

モルレー自身も自分の経験しない他国のシステムを自信を持って推しえないだろうから、彼を学監に据えることによって、どうしても規定が英米大学流にならざるをえない。モルレーは東京大学の出発した後の明治十一年十二月まで学監のポストにあったから、東京大学の法・理・文の三学部の系統は、一般にいって英米系のカレッジをモデルとしたものだったということができる。

モルレーにしても、世界に冠たるドイツ大学の名声は十分承知のうえだったろう。しかし、明治十年代の日本にドイツの研究中心主義を移し植えようとしても、それはとうてい無理であり、不毛なことである。研究よりもまず語学、そしてそのうえに多少の専門的知識を与えるとなると、学生にドイツ大学式の修学の自由を認めるよりも、アメリカ式に学年制を採って、詰めこみ、叩き上げてゆくやり方を推奨せざるをえないだろう。東京大学はまだ決してドイツ式の研究大学ではなく、いわば専門学校であった。

教える言語がちがい、教える教師の国籍がちがえば、どうしてもそのシステムそのものがちがってくる。英語系の開成学校と独語系の医学校が、明治十年に東京大学という名の下に包摂されても、容易にまじわれるものではない。建物もちがう。本部と法・理・文の三学部は依然として神田一ツ橋にあるのに対し、医学部は医学校時代の明治九年、すでに現在東京大学のある本郷本富士に移ってきている。

医学部は独立のキャンパスを持つだけでなく、法・理・文学部と独立した管理機構を持っており、法・理・文三学部の綜理が加藤弘之だったのに対し、池田謙斎を医学部綜理としていた。

明治十四年の職制改正

明治十四年六月十五日付の大学職制改正は、実は明治十年に東京大学と改名した時以上の実質的な意味を持つ。その時まで大学教師の身分は文部省の雇いのようなものだったが、この年六月十五日の太政官達をもって文部省所轄の教師、図書館員などはすべて、勅任・奏任・判任の国家の官吏となった。

この時に医学部をも含めて完全な統一体にしようとして、はじめて学部共通の綜理一人を置いて全学の事務を総括させることにし、加藤弘之がそのポストについた。

しかし、そうした努力にもかかわらず、法・理・文三学部と医学部の実質的統合が進んだとはいえなかった。依然、語学によってへだてられた溝は深かったのである。

その溝は東京大学の下に設けられた予備門の構造にも現われていた。法・理・文には共通の大学予備門があって、元東京英語学校の教則を踏襲して、一年から四年まで語学は英語だけであった。一方、医学部には独自の予科があって、そこでは語学はドイツ語（と多少のラテン語）しかやらない。明治十四年の改正の際、両者を東京大学予備門の名のもとに統一しようとしたが、名前だけの改正におわって、従来の予備門は本黌、医学部予科は予備門分黌の名であいかわらず従前通りのカリキュラムをつづけていた。上級学部から異なった言語の習得の要請があるから、どうしてもうまく統合できないのである。

法理文のドイツ語傾斜

ところが、明治十四年ごろを境に法・理・文学部のドイツ語傾斜がはじまる。当時、ドイツの大学では、理科系では、化学を中心に新しい科学の進展に伴う拡張が行なわれ、これに対し文科系では、ヴィッセンシャフト繁栄の潮流とは別に、絶対主義的官僚の養成コースともいうべき官房学（カメラリスムス）の流れをくむ国家学とか国家経済学（ほぼ今日の行政学、財政学に当る）もさかんになってきていた。その双方が、法・理・文学部のドイツ語傾斜の要因として働いたようだ。

まず、理学部を中心に、国際的なドイツ志向に敏感にならざるをえない学問分野では、学者のあいだのイニシャティブで、わりあい自由に、そして自然に、ドイツ語重視の動きが出てくる。それは具体的には、予備門では無理でも、学部レベルではドイツ語優先のカリキュラムに変えようという、制度改革の声となって現われる。加藤弘之法理文学部綜理が、明治十四年の改正に際して福岡孝弟《たかちか》文部卿に出した次の伺書[13]は、一面ではそうした学者たちの自発的な声を反映したものであったのであろう。

文学部理学部生徒之儀従来各自ノ撰択ニ任セ二ケ年間独逸語或ハ法蘭西語《フランス》ノ内一語ヲ兼修セシメ来候処方今《ほうこん》文学理学ノ最旺盛ナルハ独逸国ニ若《し》クモノ無之候《これなくそうろう》間《あいだ》文理両学部中諸学科ニ従事スル者ノ他日其学フ所ヲ更ニ深ク研究セント欲スレハ必ラス独逸書ヲ渉猟セサル

ヘカラサル儀ニ付今若《も》シ独法両語ノ中一語ヲ専修セシメント欲スレハ独語ヲ学ハシムルヲ以テ 尤《もっとも》 利益アルモノト存候条諸教授ニモ諮問致候処何《いず》レモ同意之旨相答候間今後右両学部へ入学スル者ハ必ラス独逸語ヲ学ハシメ候事ニ改正致度《いたしたく》尤更ニ法蘭西語ヲモ併《あわ》セテ兼修セシメ候得《そうらえ》ハ実ニ遺憾無之儀ニ候得共《そうらえども》此儀ハ余力無之到底難 被 行《おこなわれがたき》事ニ付不得已《やむをえず》右独逸ノ一語ト致度依テ此段相伺候也

但若シ余力アリテ自ラ好候者ハ法学生法蘭西語学習之節臨席聴講差許《さしゆるし》 可申《もうすべし》ト存候条此段附陳候也

この結果、フランス語の牙城法学部を除き、それまでドイツ語かフランス語を選択履修していた理・文両学部のカリキュラムからフランス語が追放され、英語のほかにドイツ語が最終年度以外は学生に必須として課されることになった。

東京大学が職制改革を行なった約半年後の十一月に、前述の明治十四年政変がおこっている。この時以来、伊藤博文・井上毅を主軸とする政治路線の面からも、帝国大学づくりに向かって、意識的なプロイセン・ドイツへの傾倒がはじまる。

そうした傾向のなかで問題にされることが多かったのが、政治学及理財学科である。同学科は東京大学時代、文学部に属していた。明治十四年の改正までは哲学政治学及理財学科だったのが、この改正で哲学科と分離してできたのである。同学科には、理財学（経済学）のほか、統計学、日本古今法制論、国法学、日本財政論、国際公法、行政学、法理学のような硬派のカリキュラムが並んでいた。文学部に属していたとはいっても、文弱軟派の文科のイメージからは遠く、はなはだ法科的である。

同科の中心であったのは、明治十一年に招聘された哲学者アーネスト・フェノロサであった。フェノロサはアメリカ人だがドイツ哲学が得意で、彼の来日頃まで支配的であった英仏哲学にかわって日本にドイツ哲学流行の端緒をつくり、十四年政変後の時流に乗って日本国家主義の擡頭《たいとう》に大きな影響を及ぼした。しかし最初の受業生木場《こば》貞長もいっているように、政治学のほうはあまり得意ではなかったし、彼の講じる理財学などは、英語のテキストを読むだけのものだったらしい。

時の文部卿の福岡孝弟には、これが気にくわなかったようだ。彼が明治十六年四月に太政大臣三条実美《さねとみ》に宛てた上申書(14)を見てみよう。

夫《そ》レ方今泰西学術ノ精確淳義ナルハ欧州中大概独逸国ニ過クルモノナキノミナラス、且政法殊ニ我政法ニ参酌スヘキモノ少《すくな》シトセス。是ヲ以テ彼カ長ヲ採ルヨリ善キハナシ。又極メテ採ラサルヲ得サルノ理由一ニシテ足ラサルナリ。今其一斑ヲ挙クルニ、英語ヲ用フル国即チ英吉利及合衆国ニ於テハ政治ノ学尚未タ進歩セス。殊ニ行政学ノ如キハ其書ヲ見ルコト稀ナリ。故ニ到底英語ヲ用ヒテ政治学ヲ教授セント欲スルモ完全ヲ期スヘカラス。且政治学ノ如キハ最モ我国情ニ切ナルモノヲ択ヒテ之ヲ教授セサレハ、後来国《こうらい》ノ安寧ヲ害スルノ恐レアリ。蓋《けだ》シ独乙国政治学者ノ講究スル所深淵該博ニシテ、殊ニ我国情ニ於テ参酌スヘキモノ少シトセス。是ヲ以テ独乙学術ヲ探ラサルヲ得ス。又法学ノ如キモ独乙国ハ近年益《ますます》帝国ノ基礎ヲ定メシヨリ鋭意守成ノ術ヲ図リ、法律ノ改革ニ着手シ、新究創見実ニ法理ノ蘊奥《うんのう》ヲ披《ひら》ケリ。殊ニ其国法ニ属スル諸学術ノ旺盛ナル、各邦ニ卓絶ス。加之《しかのみならず》本邦ノ国法頗《すこぶ》ル式ヲ独乙国ニ採ルヘキモノ多シ。因テ之ヲ教授スルハ必要ナリ。

つまり、英米では政治の学問が進歩していないが、ドイツではとくに政治の学そして次に法律学がすぐれているし、わが日本の国情にも合っているから、それらの学問については英語での教育を廃して、ドイツ語に変えてしまおう、という主張なのである。ここでいう政治の学は、ドイツ流の国家学と見てよいだろう。しかし、この福岡文部卿の意見は極論であり、にわかに実行できるものではなかった。

一方、法学部は、さきにフランス語の牙城と述べたが、そうなる特殊な事情があった。明治維新直後、西洋流の法体制の整備が試みられた時、仰ぎ見られたのは主にフランス、次にイギリスであった。やがてフランス法とイギリス法とのちがいがはっきり認識されるにつれて、政府当局者は、フランス法を模範と仰ぎこれを直訳的に継受しようと決意を固める。その理由は中央集権的なフランスが当時最も近代的な法典と司法制度を誇っていたからである。こうして明治五年頃にはフランス一辺倒の傾向がはっきり現われている。同じような中央集権的フランスの影響は、同年発布された「学制」に盛りこまれた学区制にも見られるが、まず形式的機構の導入のほうが内容の試行錯誤的整備に先立って性急に試みられるのは、教育にも、裁判制度にも共通して見られる明治新政府の志向である。

そこで司法省に法学校を設けてフランス人教師を高給をもって招き、明治七年には日本法律学の父といわれるボアソナードが来日する。

ボアソナードがフランス語で教えた司法省法学校のほうが、司法教育の主流であって、英語系の東京大学では、はじめ法学部でイギリス法を講じる教授がいるだけで、影がうすい。しかし、他の学部とちがって法学部ではフランス語が必須である。予備門では英語しか教えないものだから、学部段階で法学部四年制のうち最初の三年（後に二年）、フランス語を課している。

だから明治十四年政変から法学部はドイツ法一辺倒になったわけではない。当時の学生の述懐では、やはり英・仏法が明治十年代は中心であった。(15)

しかし、国際的にもドイツの学術に追従しようという趨勢があり、伊藤博文・井上毅路線の政府筋のドイツ学を奨励しようという方針がすでに明白となっている以上、あとは時の勢いである。

ここで注目されるのが、明治十四年留学を終えて帰国し、法学部教授兼文学部政治学及理財学科教授に任じられ、法理学と法学通論の講義を担当した穂積陳重である。彼は明治九年にイギリスに留学したが、ドイツ法学がイギリス法学よりすぐれているだけでなく、日本の国情にも合うことを覚《さと》って、明治十二年には留学先をドイツに転じている。そして帰国後は、ドイツ学、ドイツ法学輸入に加藤弘之綜理とともに中心的役割を果たした。[10] こうした伊藤博文お気に入りの国産教授の出現が、ボアソナードのフランス語やフェノロサの英語にかわってドイツ語を重視するという路線の推進に力を与えたことはたしかであろう。

英独兼修型の確立

明治十七年五月四日付の文部省専門学務局より出された「東京大学予備門学科課程等改正之件」の文書では、

其学校教授上用語ノ儀、自今《じこん》主トシテ邦語ヲ用ヒ、英語ヲ用フルヲ止メ、且参考ノ為独逸書等ヲ講読セシム

とある。[14]

こうした措置の裏には、大隈重信創立の東京専門学校（早稲田大学の前身）で講じているような自由民権を支える思想を盛った英語文献から学生を遠ざけて、ドイツ式の国権思想に

近づけたいという深慮遠謀もあったとみてよい。

今日では考えられないことだが、明治十二年に東京大学文学部に入学した三宅雪嶺の思い出では、当時、留学帰りの日本人教師も英語で授業していたという。[16] もっとも、いくら長期間留学したといっても、日本人教師の英語による講義が流暢であるとは限らない。「ユウ・ノウ」「ユウ・シー」を無意味に頻発して、学生を悩ませる教授もいた。ともかく、英国帰りの外山正一教授が哲学の講義で当時民権家のあいだで流行思想家であったスペンサーの著書をただ抜粋して読むというようなことが行なわれていた時代である。[17]

だが、明治十年代には留学生たちがぞくぞく帰国して、お雇い外人教師にとってかわりつつあった。そこで政府は明治十四年ころから一貫して、日本人は大学では日本語によって教授するように指示している。

英独兼修を学生に強いることは、学生の負担をはなはだしく増す。そこで、教授用語としてではなく、純然たる外国語として学生に専修させよう、教えるのは日本語でよい。それが英・独両系を総合する現実的解決策であった。

明治十七年になって、東京大学本部と法・文学部が一ツ橋から医学部と同じ本郷に移ってきた。理学部の本郷移転は翌十八年のことで、これを機に東京大学予備門の本黌と分黌の統合をカリキュラムのうえでもなしとげ、懸案の語学については、一、二年のあいだは英語またはドイツ語、三、四年では英・独兼修ということになった。ドイツ語が英語と対等のウェイトを占めるようになったのである。

しかし、このドイツ語への傾斜の傾向は、帝国大学系の官学だけのものであって、民権派私学系は警戒と冷笑をもって見ている。早稲田系の雑誌では、「或人冷笑して曰く、独逸学と舞踏とは因縁深きものかな。舞踏の隆盛なりし際には独逸学も隆盛なりし。而して其衰ふるに至ても亦之を共にす[18]」云々とからかっている。舞踏とはもちろん鹿鳴館のダンス・パーティのことで、ドイツ学とともに帝国大学成立時に伊藤政権が推進したものである。第一章で述べた帝国大学の鹿鳴館的色あいと、帝国大学のドイツ学傾斜とを重ね合わせれば、帝国大学を媒介としてダンスとドイツ学が結びつくのである。

しかし、ドイツ語は舞踏とともに消えはしなかった。ひとたび語学教師のプロフェッションがその再生産機構を確立して高等教育界に根づくと、半永久的にその地位を保持できるのである。そして、明治の遺制にしたがって日本人はドイツ語を学習させられる。

この英・独兼修型が、明治十九年の帝大誕生とともに東京大学予備門が独立して第一高等中学校（後の第一高等学校、一高）となった際に受けつがれ、高等教育では英語についでドイツ語がいわば第二外国語として要請されて今日に至っている。

日本ではドイツ語が第二外国語であるというと、外国人には奇異の感を持たれることが多い。ふつう英語の次に来る外国語としては、より国際的な通用力の強いフランス語（あるいはスペイン語）が考えられるからである。

ドイツの大学とくらべて

帝国大学、それは巷間しばしばドイツの大学の模倣の産物であったといわれる。その根拠は、おそらくドイツ・アカデミズムの権威主義的体臭が、第五章で述べるような明治アカデミズムに乗り移っている、という印象批評によるものであろう。

しかし、大学史を仔細に検討し、さらに科学史的背景を見てゆくと、帝国大学がドイツ大学の制度をモデルとして制度づくりを行なったという説は、必ずしも当らない、という感を強くする。伊藤博文、井上毅、森有礼らがドイツ大学をまねようとしたという事実があったにしても、それはあくまでも伊藤らの目に映った、自分たちに都合がよいと思われたかぎりでのことであって、ドイツ大学の実像とはかなりかけはなれたものである。

結論を先にいうと、政府がドイツにまねようとしたのは帝国大学の制そのものというより、次章で詳述するように高等文官試験によって強力な法科官僚制をつくりあげることであった。だから法科を育成することには熱心だったが、医や理や文などの学部については放任したままであった。これらの分科は帝国大学になってもほとんど変わらなかったし、またすでに東京大学時代の前史もあることだから容易にかえられるものでもない。だから、帝国大学はドイツ大学とはあまり似たものとはならなかった。

かなり後になって大学教師団の研究アカデミズムが熟するにつれて、ドイツ大学のモデルとのずれを論じ、帝大の制度を批判する論調が現われた。京都大学法科教授高根義人（よしと）『大学制度管見』[19]（明治三十五年刊）はその典型的なものである。これなどを参考にしながら、以下にドイツ・アカデミズムと帝国大学講座制アカデミズムとの異同を述べよう。

まず第一に、ドイツ大学におけるような学問の自由が日本には存在しなかった。学問の自由といっても、なにも抽象的、理念的なことをいっているのではない。ドイツ大学の学問の自由の実質的な内容は、学ぶ者の側の「修学の自由」と、教える側の「教授の自由」の二つである。この二つの自由が大学を生気あらしめる要素として賞揚されている。

まず「修学の自由」としては、ドイツ大学の学生は単位にも試験にも学年制にも卒業にもしばられることなく、自分の好みにしたがって、諸大学を遊歴する自由がある。制度としてはアビトゥール Abitur という全国共通の大学入学資格試験と、学期ごとの大学登録制があるだけである。中等教育のギムナジウムを出る段階で一定の大学入学資格試験に通れば、あとは好きな大学の適当な学部に登録するだけでよい。

学生はいま登録している大学の講義がつまらないと思ったら、あるいは他所の大学の講義が人気があることを聞きこめば、来学期は登録大学をかえることになる。

ドイツの大学では、大学内の試験というものはいっさいない。ただ講義のしっぱなしで、いわば劇場のようなものである。学生は入場券にあたるホノラリウム（聴講料）を各講義に対して払う（これは結構ばかにならない額である）。試験がないから、成績もない。成績がつかなければ、及第・落第ということもない。そうなれば進級ということもないから、学年というものもない。学年がなければ、在学年限もない。

そもそも卒業ということがないのである。何年いてもかまわないし、また何年いてもどうということもない。ただ、卒業証書にかわるものとして大学もドクターの学位を出したが、実務上の資格試験としては信用されず、それよりも国家によって行なわれる各種の資格試験が重要であった。[20]司法官、医師等々の専門職業に入る者にはこの資格が不可欠である。

大学の教師は国家試験の出題委員を兼ねることが多いので、大学がこれらの国家試験のための予備校化する、という現象は認められる。しかし、学生はよい教師を求めて諸大学間を移動するから、出身大学による学閥というものが発生する基盤はそもそもない。また大学学部による閥も発生しにくい。学部への登録はかなり便宜的なものであった。

たとえば医学部に登録した学生が、基礎科学の講義を聞くために哲学部の聴講をすることはしごく普通のことであって、学部間の組織の壁は学生聴講者にとってはあまり高いものではなかった。学部とは単に教師集団のための組織であって、学生のものではなかった。とくに自由な学問研究をモットーとする哲学部では、アモルフ的状態が徹底していて、定食的な修学メニューはなく、学生は自ら講義の履修プログラムをつくらねばならなかった。法学部や医学部のような実務志向の学部にしても、一応基礎から応用、一般から特殊という順序にしたがって学生に修学のプランが示されるくらいである。そして、期末試験と落第でおどされて、むりやり所定の学習量をつめこまれるアメリカの大学や帝国大学とちがって、大学の在籍年数が長くなるのが常である。そこには中世的なルーズさが継承されていた。

ドイツ大学興隆の支えとなった「修学の自由」は講壇哲学の発展にはまさしくピタリとあてはまるものであるが、一般から特殊へ、基礎から応用へ、易より難へと積みあげてゆくディシプリンを持つ近代科学的課目は、専門職業的課目とおなじく、一定の課程を踏まないと先へ進めない。アモルフ的状態のなかに投げ出されては、一般学生は自らの研究コースを選ぶだけの学力が足りず、途方に暮れるばかりである。この傾向は一方では科学の専門化が進み、また他方ではドイツ大学の名声が確定して学生数が急膨脹をはじめる一八七〇年代以降に顕著となる。そして、哲学部のなかから自然科学系統が独立しようとして、論議をよぶことになる。[21]

十九世紀の後半ともなると、国際的名声につつまれたドイツの大学も、爛熟のなかに矛盾が露呈してきていた。しかし、自由な学問＝ヴィッセンシャフトの促進のためには、明治日本がドイツに学ぼうとした十九世紀後半でも、その制度は十分モデルとするに値するものであった。ちなみに、明治二十六年から二十九年のあいだにドイツ留学をした長岡半太郎は、学生が自分の先生を選択する自由のあるドイツ大学の制を感激をもって伝えている。[22]

ところが、明治政府の欲していたものは、学問研究のための大学ではない。西洋に一刻も早くおいつくための、有能なテクノクラート的人材を効率よく生産するための大学である。

明治政府に科学政策なるものがありとすれば、それは研究政策ではなく、マンパワー政策である。

そのためには、ドイツ大学の哲学部のアモルフな制度をまねることはとうていできなかったろうし、またこのような制度は学生および教師の離合集散のうえに成り立つものであるから、政府が作ろうとしてできるものではない。だいいち、学生の諸大学間の移動の自由といっても、ドイツのように各都市に大学があるわけではない。東京に一つあるだけである。工部大学校のように他の省庁のつくった大学程度の学校はあったが、明治初年の流動期は別として、東京大学時代ともなると、役所間の壁は厚くなっており、さらに役所によって専門将来のコースもちがうのだから、移動の自由の余地はきわめて少ない。また慶応義塾や東京専門学校のような帝大批判派の大学との何らかの相互乗り入れ制度などは、当時の日本の政治的風土からみてもとうてい考えられることではない。学生たちは定められ、管理されたコースを黙々と進むように仕向けられていた。

また現実には明治十四年ころにドイツの株があがるより前に、学校制度が曲りなりにもできていたのであって、その際、政府が意図したのは、やはりフランスのグランゼコール型の秀才を集めてつめこむテクノクラート教育であり、そのためには学年制と授業内容をしっかり定め（選択コースというものはなかった）、落第と試験で学生をおどして、一定期間後に卒業させることになる。それでなければ国費の無駄づかいというものであったろう。

帝国大学にしても、そのカリキュラムは学年制であって、科目に必須・選択の別はない。全部レディ・メイドの定食を食べさせられるだけである。これでは中学校のようなものだ、と前記の高根義人は嘆いている。ちなみに、明治三十年創立の京都帝国大学では、この点を認識して、当初から選択科目制を導入している。

ドイツの大学における学問の自由のもう一方の柱である「教授の自由」を担うものは、私講師（Privatdozent）の制である、といわれる（ブルンチュリ『国法汎論』の訳書中、加藤弘之はこれを非職講師と訳しているが、内容からすれば加藤の訳語のほうが適切である）。各大学で行なわれる教授資格試験（ハビリタチオン）を通ったばかりの若手学者は、ふつう私講師として出発する。固定給はなくて、聴講料だけがその収入源である。収入は少ないが、行政・管理の義務から解放され、新しいテーマ、新しい学問について、好きな大学を選んで自由に講ずることができる。そして、学生が若手学者である彼の講義の魅力にひかれて集まれば、それだけ聴講料の収入もあがる。こうした私講師・聴講料の制度は、学問の世界において学生聴講者による選択淘汰のメカニズムを機能させるものとして、そのメリットが歓迎されていた。[23]

たとえば、ベルリン大学の講義の変遷を見てゆくと、正教授によって与えられる基礎的・恒久的課目のほかに、私講師によって行なわれる新しい課目の講義がどしどし現われている。[24]学生の人気が集まれば新課目は恒久化し、人気がなければ一年で消えてしまうのである。十九世紀における新興の学問である生理学や生化学は、このようにしてはじめは私講師によって実験的に講じられ、定着してゆくが、昆虫学とかイラン語などは同じく一時講じられながら、学生が集まらないと消滅している。

もっとも、私講師の制に高い評価を与えるのは、大学学長として功なり名とげたヘルムホルツのようなアカデミック・エスタブリッシュメントの見方であって、物事は反対の立場からも見られるのである。大学の教授会が、私講師にその大学で講義することを許す許認可権をにぎっており、長老教授との競合を避けるために、同じテーマでの講義を私講師が行なうことは許されていない。だから若い学徒の立場からすれば、この私講師制度は若手の生活を故意に安定させずにおいて、長老教授会への屈従を強いるものだ、という反撥が強く、古くから大学闘争の一因となっている。彼らの生活記録は、一面では、まさに私講師残酷物語の観がある。

日本では私講師制度の導入は全然問題にされなかったようである。明治十四年の学制改革で、大学教師は勅任・奏任・判任の官吏となってしまった。まるで大道芸人と同じような不安定な収入源による私講師など、日本帝国官吏の沽券にかかわることであったろう。

東京帝国大学総長から文相になった外山正一が、明治三十一年に私講師制を取り入れることを提案したが、私講師制のような散漫な制度は、財政的にも無駄が多いとして論駁されている。文部省は明治後期にはより保守的になっていて、新しい実験的な制度を導入するよりも、既成体制を固めることに力を注いでいたから、反撥は当然のことであったろう。

ドイツ大学の興隆し得た背景には、大学の内部のしくみだけでなく、ひろくドイツの諸大学のあいだにはたらいていた競争メカニズムがある。ビスマルクによるドイツ帝国統一以前は、各領邦君主は自らの領内の大学をよりよくして威信をたかめるために、優秀な教師・研究者の引き抜き合戦を行ない、大学の制度・教師の待遇の改善を試みた。今日、地方自治体が大学や産業の誘致をはかるように、各領邦では有名な学者を招き、それに魅せられて蝟集する大学生の数を試算し、彼らが街に落としていく金の皮算用を行なっていた。

この条件が学者間の競争を刺激した。また新しい学問を開拓するうえに有利にはたらいた。一つの大学でパイオニア的学者を招き、彼が新しい学問についての講義を開講して、学生を引きつけたとなると、隣の領邦の大学でも敗けじと、それに劣らぬ人物を探してきて、学生を奪い返そうとする。領邦大学間にこのような自由競争市場が成立することによって、化学やさらに生理学・生化学などの新しいディシプリンはまたたく間に領邦内各大学にひろまったという。(25)

このような地方分権体制は、明治政府には無縁であった。帝国大学の役割は、対外的には鹿鳴館的機能であり、対内的には近代国家づくりに必要な西洋知識導入の窓口であった。鹿鳴館も窓口も、たくさんつくって競争させる必要はない。官僚的発想からすれば、同じものが二つ以上あるのは無駄である。一つにしぼったほうが効率的である。

明治十年代の政府が対抗馬として意識しているのは、民権派である。民権派で政府に対抗して大学づくりをしようという意図を曲りなりにも実現したのは、福沢諭吉の慶応義塾と、大隈重信とその郎党が政変後の明治十五年につくった東京専門学校くらいである。明治政府も彼らが理工系の学問を充実して対抗してくるものとは思っていない。ただ彼らの政治的イデオロギーに対抗するものとして、東京大学の法学部を強化し、法と統治技術の知識を自らの手許に独占し、近代官僚制をつくりあげようとしたのである。

官僚養成大学の宿命

以上述べたところからして、帝国大学がドイツの大学の制を模してつくられたとはとうてい考えられない。では何を模したか。あえていえば大学よりもドイツの官僚制度を模すためにつくられたのである。

明治十四年政変以後は、伊藤博文一派は大学を民間にまかせては大変だ、自家薬籠中のものにして管理しなければならない、という思いを強めた。民権派に対抗するためにプロイセン流の憲法を採用し、とかくの批判の対象となる藩閥の情実人事を官僚メリットクラシーに変え、官僚をもって伊藤政府の藩屏《はんぺい》としようとした。官僚制のモデルはドイツにある。そしてドイツ式官僚制育成のために帝国大学法学部に特権を与えて強化しよう、というのが彼らの意図であった。ドイツの大学の目玉商品である哲学部などは、理科や文科の学者に勝手に

まねさせておけばよい

国大学の思想」であっ

　帝国大学は、官僚

る学問研究の府とし

ムからもあがってい

師間の競争条件の欠落にお

義にむりにつきあわされる、また第五章で

師の自由を制約している、教師を刺激するためには競争講座を

いったことが、論じられるようになってきた。京都帝国大学設立計画をすすめ

員が議会で主張したのも、京都にもう一つ大学をつくることによって、オクスフォード対ケンブリッジ、ハーバード対エールのごとく、東京と京都で競争させて学界の沈滞堕落を防ごう、ということであった(26)。

　ここで、官僚制の論理と学問発展の論理とのさけがたい喰いちがいが現われてくる。官僚制の論理からすれば、西洋への窓口は一つにしぼり、さらにその中身を講座制でしばったほうが能率的で無駄がなく、また管理もしやすい。学問の論理からすれば、アモルフで競争的ふんいきの醸成されることが望ましい。この矛盾は、外面では学問の世界での国際的体面を気にしながら、内実では官僚養成大学として出発した帝国大学が、永久に担わねばならぬ宿

命であった。

第三章　官庁エリートの供給源——工科系から法科系へ

版画「虎ノ門夕景」（工部大学校校舎）

政府の意志

そもそも大学というものを構成要素に分析すると、教師、学生、そして建物ということになる。まず学生の集団があって、そこに教師を雇ってきてはじめる自主講座型大学、教師が店開きしてそこに学生が集まってくるという私塾型の大学は、ボローニアやパリの中世大学に起源をさかのぼれるが、日本の帝国大学のばあいは、さかのぼっても教師や学生のイニシャティブで大学づくりをする契機にはぶつからない。まず制度があり、建物があり、そこに外国から教師を呼び、また諸藩から貢進生を出させて、両者をその建物のなかで出会わせる、という大学南校の方式である。その際お膳立てはすべて政府によってなされる。制度も建物も政府、設置者も政府、百パーセント政府立の学校である。

そこに学生は出世コースを求めてむらがってくる。教師は生活の資を得、学者としての地位と身分の安定を得、そして学問をするかっこうな場所として大学に根を据えようとする。その両者を会わせる興行主としての政府の意図は何であったか。

前章では国際状況のなかでどの国をまねて大学づくりを試みたかという大まかな路線を論じたから、ここでは人材養成計画という内向きの角度で政府の役割をさらに具体的に見てゆこう。

政府の大学に対する政策の直接的意図は学問の振興ではない。それは学者個人が勝手にやることである。政府が大学に期待するものは、政府の必要とする人材、つまり政府の意図する国家的任務を遂行し得る官庁エリートの養成である。そしてその重点が帝国大学の成立をはさんで、工科系テクノクラートから法科系官僚に移ったと見られるので、この章ではとくに、明治十年代から二十年代にかけてのこの移り行きの相を論じることになる。

国家ノ須要

「帝国大学ハ国家ノ須要《しゅよう》ニ応スル学術技芸ヲ教授シ及其蘊奥《そのうんのう》ヲ攷究《こうきゅう》スルヲ以テ目的トス」

これは明治十九年三月二日勅令第三号として公布された帝国大学令の第一条である。これまで帝国大学の性格を論じる時に、必ずといってよいほど引用される章句である。

これはいわば帝国大学の憲法にあたるものである。憲法はふつう読まれない。はたして帝国大学に入学する学生がどれほどこの句の存在を知っていたか、また教授陣でさえもどれほどこの句を意識して教授していたかといえば、きわめて疑問である。だからこの章句についてあまりシリアスに受け取るのも、考えものである。ただ帝国大学に対する為政者の期待がどこにあるかを端的に表現するものとして、引用の価値がある。

そもそも教育とか、まして研究というものは、一片の法令でその通りになるものではない。モノをつくる工場の生産計画のようには、ふつういかないものである。笛吹けども踊らず、政府が意図し計画したようにゆくものではない。逆効果の例も多数あるし、政府の政策の失敗が好結果をもたらす例だってあり得る。

たとえば近代フランスは、最も透徹した科学技術振興政策を持っていた。ルイ王朝時代には、コルベールなどがアカデミーをつくって学者を保護し、賞を与えて発明を奨励した。しかし、官僚制にわずらわされて、金を出したほどの効果はなかった。一方、イギリスの技術者は政府の干渉なしで、産業革命の技術を担った。

フランス革命以後、フランスは中央集権的で能率的なテクノクラート養成機関をつくったが、ナポレオン体制下の干渉と保護が裏目に出て、かえって、意図せずして地方分権的競争条件を現出したドイツに科学技術のお株を奪われる結果にもなった。フランスが世界の科学をリードしたのは革命後の一時期にかぎられる。

しかし、帝国大学のばあい、少なくとも政府の中心的意図、すなわち「国家ノ須要ニ応スル」官庁エリートを多量に生産しようという意図は、一応貫徹されたと見てよい。帝国大学が官立であるかぎり、それが官僚機構の一部として、あるいはその再生産機構として機能することに、教師も学生も、あるいは世間一般も、今日にくらべて違和感をあまり持たなかったろう。あれは政府がつくった学校だから、政府に奉仕する官吏の養成所になるのはあたりまえだ、という感じ方がかなり広くゆきわたっていたと思われる。

工科系官僚の時代

官僚は、大まかにわけると、行政官と技術官になる。これらはともに文官のカテゴリーのなかに入り、武官とは区別される。武官は別の系統で養成され、帝国大学とはあまり関係を持たないので、ここでは扱わないことにする。

諸外国にくらべて明治日本で特徴的な点として、その初期における技術官の数と待遇の優位が認められる。その技術官の主流は何といっても工部省である。明治十年代には工部省は工部大学校を持っていて、明治十二年以来、毎年二十人から四十人くらいの卒業生を出していた。彼らの大部分は工部省管下で働いている。

その工部大学校の前身は、明治四年に設置された工部省工学寮である。第二章で述べたように多国籍起源の諸学問を折衷総合しようとモタついていた文部省とちがって、工部省はその初期から工業技術はイギリスにならえ、という線で一貫していた。

伊藤博文工部卿からの委嘱を受けて、当時近代工学建設者として著名だったグラスゴー大学のランキンの弟子ヘンリー・ダイアーが、弱冠二十四歳の身で工学寮の組織づくりを精力的に行なった。工部省におけるダイアーは、文部省のお雇い教師たちとちがって、制度づくりや教務にまで相当大幅な権限を持っていた。そこで彼は張り切って、当時イギリスにもまだ存在していないような、フランスやドイツの学理面とイギリスの実際面を総合した新しい工科大学づくりを意図した。後にダイアーが語るところによると、彼はチューリッヒの高等工業学校（テクニッシュ・ホヒシューレ＝T・H）の組織をまねて工部大学校をつくったという。チューリッヒは、一八四八年の大学闘争挫折後しばらくはいささか沈滞ぎみだったドイツにかわって、人材を集めて当時最先端を行っていたのである。

ダイアーはその大学校をインペリアル・カレッジ・エンジニアリングと呼んでいるから、工学はエンジニアリングの訳としてよかろう。エンジニアリングは、当時のヨーロッパではまだ既存の大学で勉学・研究するような高尚な学問とは見なされていなかった。それに対して、「工学」という新語をつくり、学問としての権威をつけたのは、まさに明治日本の為政者の感覚を示しているものといえよう。

工学は伝統的な技芸、職人仕事とは断絶した西洋から輸入したもっとえらい学問である。またそれはお上で行なう学問でもある。明治の工学はかくしてお上と西洋の二重の権威で武装され、人民のうえに君臨する学である。それだからこそ、かつての為政者階級の武士層の子弟が参加する。彼らのサムライ・メンタリティが明治の工学の性格を形づくった。

それは、ジェームズ・ワットやエジソンがやるような金もうけのための民間人の仕事ではない。国家を設計し、人民を管理するための学問である。あえて定義すれば、工学とは、官界で行なわれる舶来の技術についての学問ということができよう。

何にでもサイエンスとかヴィッセンシャフトとかいう語をつけて学問として権威づけようという傾向は、今日に至るまで見られることだが、日本の「学」という接尾語もそれと同じ役割をする。いやむしろ、欧米の慣行より早いくらいであることは、うえの工学の例でも見られる。工学系の学問のなかでも、たとえば、当時使われていた英語のランキンの教科書では、“Strength of materials”（物質の強度）とあるものが邦訳では「材料力学」、“Theory of structure”（構造の理論）が「構造力学」というように、アカデミックに取りつくろった粧いをこらされることになる。

十九世紀は農業・工業・商業などについての実学が、新興ブルジョアジーの支持を受けて、教育界や大学のなかに入りこもうと迫ってくる世紀である。学問的な粧いをこらして大学のなかに入れてくれと突きあげてくる実学に対して、伝統の牙城たる西洋の古い大学は抵抗する。そして工学・農学・商学などをできるだけ大学の壁の外に置こうとする。科学は中世以来の伝統的大学で行なわれるが、技術ないしは工学は職人の伝統のなかにあるものであって、その二つの流れは階層的にも十分混り合っていない。

ところが、日本ではそんな壁はもともと存在しない。明治の人たち、大学人のあいだでも、科学（理学）と技術（工学）とのあいだにはっきりした壁を認めていたとは思えない。だから実用の知識体系にも、「工学」「農学」というように、わりあい抵抗なく学の名をつけることを許し、教育界や大学のなかに入れようとする。その実学のなかでも、最もえらい存在が工学であった。

明治初年から明治十年前後までの日本の科学界は、現業官庁の時代ということができる。まだ大学の時代ではない。近代国家としての体裁をととのえる焦眉の急の事業、たとえば電信網の設置、経緯度の全国測量等を担当していた各現業官庁は、すぐには成果の現われない教育を担当する文部省よりも鼻息が荒く、実力を持つ。彼らは自らの手で外人技師を雇い、自らのなかに速成養成機関をつくって、実地の仕事にふり向ける。その最たるものがいわば文明開化省ともいうべき工部省である。工部省の設置（明治三年）には、伊藤博文がいちばん熱心で、自ら、工部大輔《たいふ》、工部卿に任じている。

工部省では明治四年、工学寮の設置と並行して、電信寮や灯台寮に修技黌を設けて、速成の技術者養成をはじめている。灯台寮のほうは明治七年、工学寮の充実によってそこに併合されるが、電信寮修技黌は工部省廃止の明治十八年までつづく。これらの修技黌出身者は、工部大学校出が卒業して現場に来るまでは、お雇い外人は別として、技術のうえでは日本人の最高責任者として活躍したし、工部大学校出の先輩として、官僚機構のなかでかなり出世する者もあった。

このような現業官庁の人材養成機関は、文部省系の学校とちがって、はじめから明確な目的志向を持っていた。それに少なくとも初期においては、一般に学生の待遇や施設予算もよかった。工部大学校ができてからも、同校のほうが東京大学よりも学生一人当りの政府支出経費は上であった。実習の場や現場と学校の連絡にも事欠かないし、将来も省内の機関への就職が保証され、より安定したキャリアーをたどれるものと思われていた。したがって、学生の定着率は開成学校・東京大学系よりもずっとよい。明治の初年に出世コースが皆目不明で、制度も猫の目のようにくるくる変わる時代では、学生の動揺もはげしかったが、工部大学校では入学者総数四百九十三名中工部大学校時代に退校した者は百十一名で、これを第一章で述べた開成学校系の高いドロップ・アウト率とくらべると雲泥の差である。それだけ、工部省のほうがしっかりした養成プログラムを持っていたことになる。

また東京大学理学部の場合も、今日の研究者と教師を養成するというアカデミックな学部というイメージとかなりちがったものであった。明治十八年に工芸学部が理学部から分離独立するが、それまでの理学部は工学部的色彩が強く、そしてはるかに役人志向型であって、卒業生が官庁に就職する率は法・文・医の三学部より高い。そして卒業生数においても明治十七年までの累計で法学部四十二人、文学部二十八人に対して理学部百二十人と、はるかに優位に立っている。

このうち五十九人が官庁入りをしているが、そのなかでも土木・機械・採鉱冶金といった工学系の出身者が幅を利かし、土木学科卒業生の内務省入りが目立つほか、農商務省、文部省などに就職している。理学部の学科のうち純アカデミックといえるのは物理学科、生物学科ぐらいであったが（図3参照）、その卒業生は四人ずつにしかすぎない。化学や地質学科でも農商務省などの官庁勤めが多かった。(1)

工部大学校からも東京大学からも最優秀者たちが留学生として欧米に派遣された。彼らは帰国後、母校の教壇に立つ者もあったが、多くが現業官庁へと流れた。明治十年代には現業官庁がアカデミックなポストよりも高く評価されていたといえよう。

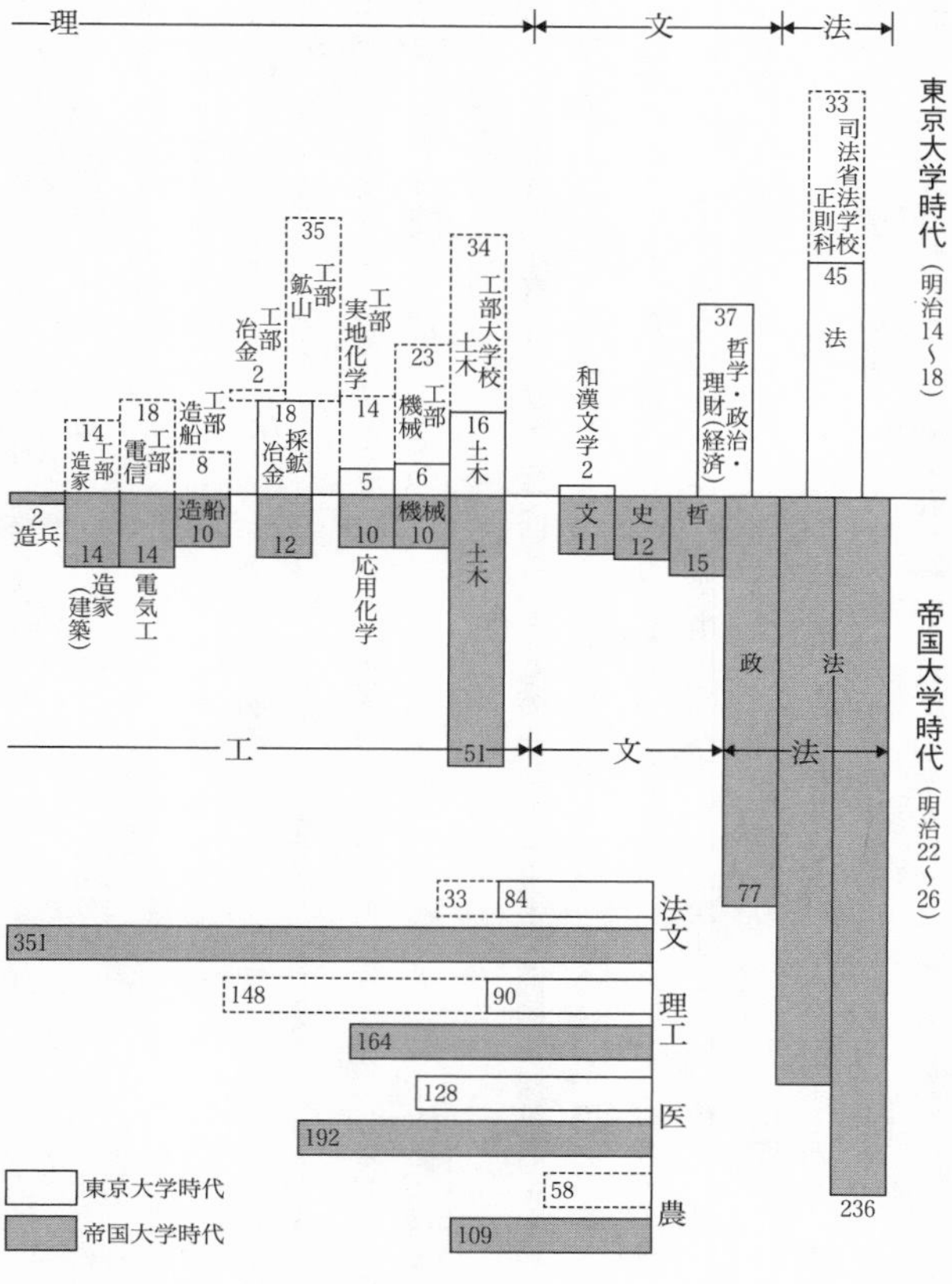

卒業生を出していない学科は省略)

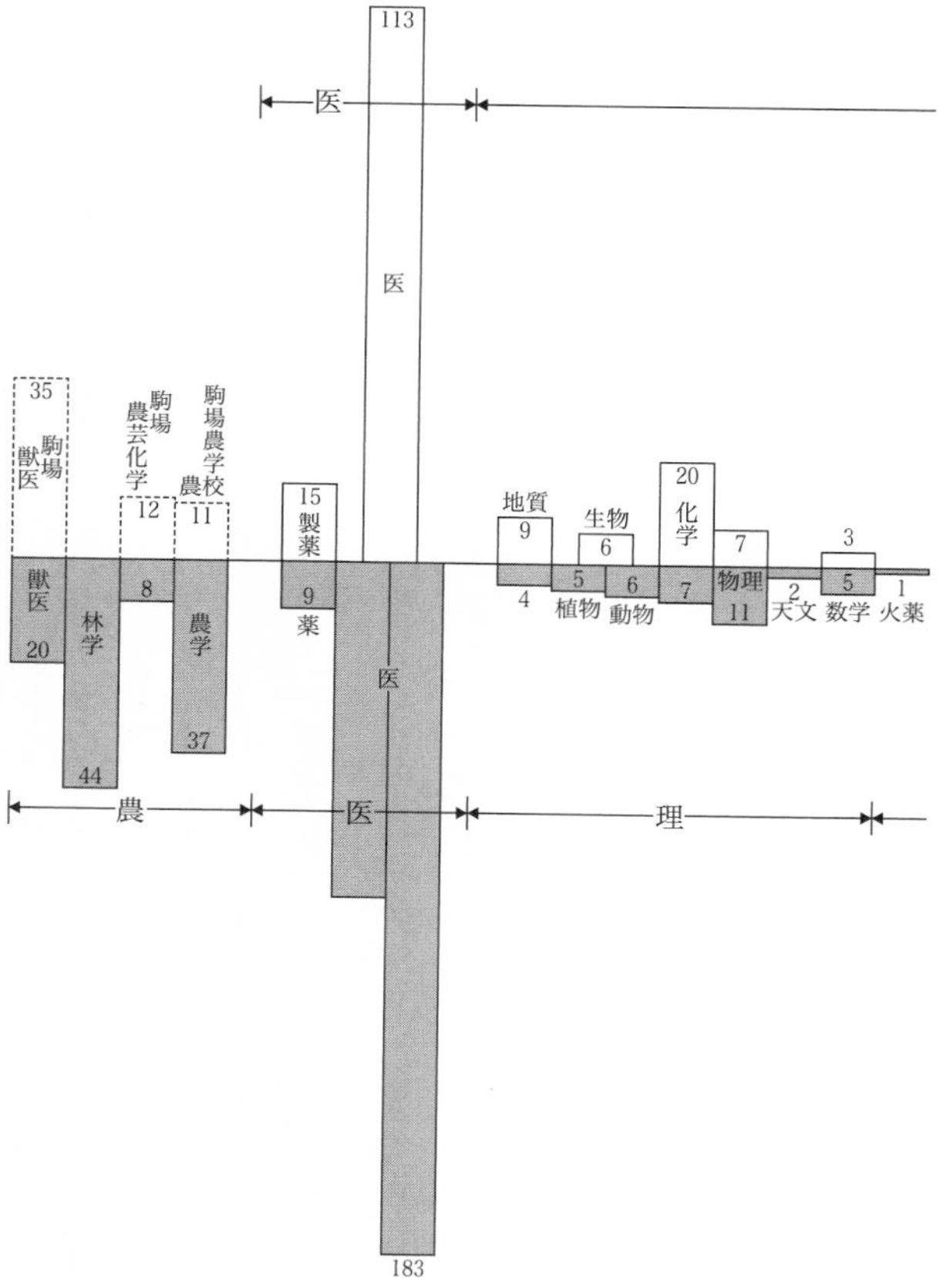

図３　学部・学科別卒業者数対照図
(『東京帝国大学五十年史』『東京帝国大学一覧』より作成，対象年代に

このように明治前半期は、官庁エリートの世界では工科系技術者の時代であった。当時、新国家建設のためのプロジェクトにかなりの量の技術者が必要とされた。当初この需要はお雇い外国人によってまかなわれたが、それは明治七年がピークで、その後は国産の技師による入れかえによって需要を満たしていく。その過程が明治十年代に入ると着々と実現していった。

明治前半には、政府先導のもとに近代国家の基盤づくりの政策がおし進められたが、その旗手こそ工部大学校や東京大学理学部出の工科系エリートたちだったのである。当時テクノクラートという言葉こそまだ生まれていなかったが、彼らはまぎれもなくその役割を果たしたのであった。

工部省の衰退

しかし、十九世紀世界ではまだあまり類を見ない工部省を設置するという行政的実験、そしてその出身者による上からの近代科学技術導入の試みも、明治中期になると、一応の先導的試行の役割を終え、またそのなかで多くは失敗に帰するという結論に達し、折柄の財政難にともなって、金だけ喰って役に立たないという批判が頻発し、直轄事業を収縮・廃止、あるいは民間に払い下げることが行なわれていた。そうしたなかで工部大学校も工部省の手で維持することが段々困難になってくる。

大蔵省ではつとに明治十三年、財政上の理由から、工部大学校を文部省に移管して行政簡素化をはかるように建議している。それに対して文部省は、建て前としては結構だが、工部大学校（それに司法省法学校も）を抱えるのは大変で、金を半分出してくれなければ面倒を見ない、と返事している。[2]　そのころからすでに、いずれは文部省に移管されることだろうという、時の趨勢は見えていた。

明治十年代になって工部大学校から卒業生が出はじめるころには、全体的な技術系官僚の優位はまだつづくものの、工部省そのものの存立は怪しくなってきていた。工部省予算のピークは明治七年である（**図4**）。工部大学校の予算がピークにあったのは明治八年で、明治十年以降になると、めだって減少する。[3]　逆に、それと入れかわるように東京大学の予算が増す（**図5**）。

本省の斜陽化を反映して、工部大学校出の工部省内での給与は三〇円以下で、五〇円以上もらっていた東京大学理学部出身者よりもずっと低くおさえられていた。[4]　また、雛技手として現場でつまらぬ仕事にコキ使われる、という不満が出ている。[5]　それに、当初定めた卒業後七年間の官庁への奉職義務は、工部省各施設の民間払下げにともなって政府のほうが義務を守れなくなり、明治十五年には民間貸与も可ということになった。施設とともに技術者も民間に払下げしようというわけである。そして財政も苦しくなったので、在学生・卒業生を留学させることはできなくなり、その費用は教師の留学費にあてるようになった。だんだん工部大学校入学者の特典と魅力がうすれてきたのである。

明治十九年三月の帝国大学の成立は、制度的に見れば、文部省が工部大学校を引きとって、東京大学に合併させた、ということである。

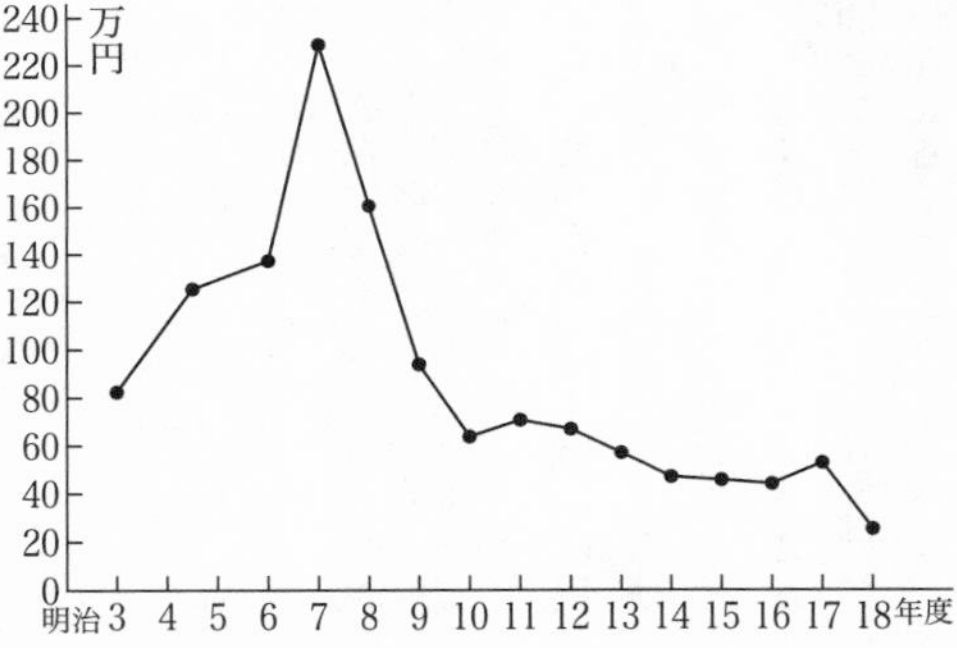

図４　工部省経費（決算）の推移
（『明治前期財政経済史料集成』17，1931より作成．3～4年度は10月より次年9月，5～6年度は5年10月より6年12月，7年度は1月より12月，8年度は1月より9年6月，9～17年度は7月より次年6月，18年度は7月より12月.）

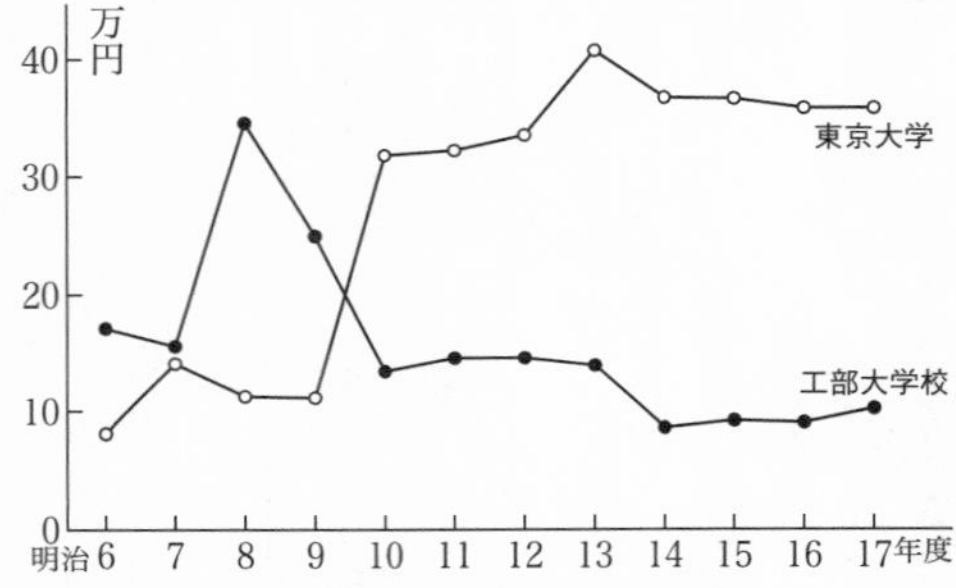

図５　東京大学と工部大学校経費の推移
（舘昭『日本における高等技術教育の形成——工部大学校の成立と展開』東京大学修士学位論文，1973年度より作成．6～7年度は1月より12月，8年度は1月より9年6月，9～17年度は7月より次年6月まで．東京大学は法理文および医学部合計，6～9年は開成学校および医学校.）

しかし、卒業生数からいっても、歴史からいっても、工部大学校は東京大学理学部を圧倒する工学の主流である。帝国大学工科大学は工部大学校と東京大学の理学部から分離したての工芸学部が併合されて生まれるが、その時も、とりあえず元の工部大学校の校舎を使い、新校舎が明治二十一年に竣工してから、本郷に移っている。落ち目の工部大学校が東京大学に吸収合併されたのではなく、それが主体となって帝国大学工科大学になったのである。

なお、農学は工学よりもおくれて、東京農林学校が明治二十三年に帝国大学のなかに農科大学として入ってきた。当時の文部省専門学務局長浜尾新《あらた》（後に帝大総長となる）の強い主張によるものだったという。大学の評議会は、欧米でも農学を大学のなかに入れる先例はあまりないとして、辞任さわぎまでおこして反対したが、文部当局の慰撫により「入学」が決まった。

ただし、純粋にブルジョアジー的学問である商業実務を教える商学は帝国大学には入らず、明治八年に商法講習所として出発した、後の高等商業学校（一橋大学）で専攻される。「国家ノ須要ニ応スル」学問が、帝国大学への「入学」資格なのである。

法科のすすめ

工科系が官庁エリートの主流であった時代、法学部はまだ未成熟であった。法学部出身者の大部分は司法省に入り、行政官庁は理学部出によって占められた。

帝国大学の設立は工科系にとっては現業官庁の衰退にともなう行政整理の意味を持った。しかし、法科系にとっては新しい時代、つまり法科による官庁エリートの独占時代の幕開けであった。

すでに明治十四年政変以来、国内向けには来るべき国会開設にそなえて、議会の追及に対抗すべき法律知識を備えた官僚で伊藤政府を固めようという目的、さらに対外的には条約改正の条件として西洋人に馬鹿にされないような裁判官の養成という目的のために、法学部を強化しなければならぬという路線が明確に現われている。それが帝国大学になってから法科大学の拡大（図3）、明治二十年の「文官試験試補及見習規則」の成立になって現われている。

帝国大学とはまさに、政府が工科系路線から法科系路線へ乗りかえる時に創られたものと評することができる。それは明治初年の工科系路線の文明開化期の啓蒙主義とその後に来る反動期への移行をも象徴する。それはまた、同じ官庁エリートの指導による上からの近代化路線といっても、工科系の国家の「設計の思想」から、ある程度出来上ったものに対する法科系の「管理の思想」へと、政府の発想が変わっていったことも象徴する。

明治中期に工科から法科へと大学の中心が移った時、その要にいたのが伊藤博文である。明治の政治家のなかでも最も目先の利いた伊藤は、初代工部大輔、工部卿として工部省の事業を育成しようとした初期の情熱も明治十四年の政変以後はさめ、かわってもっぱら法科官僚づくりのほうに関心を移す。

一方、東京大学予備門から学部へ進学する時の学生の志望学部を見ると、明治十四年を境に、**図6**に示したように理学部から法・文学部に主流が移るのがあきらかに読み取れる。自らの志望先の選択に真剣で、時代の動きにも敏感な学生の動向と伊藤の関心の移行とのあいだにある平行関係は、単なる偶然の一致といってはすまされないものであろう。

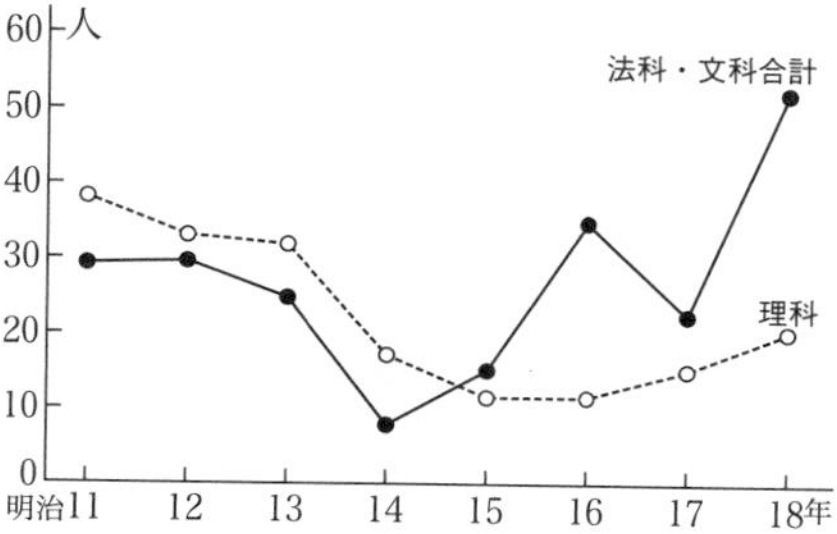

図6　東京大学予備門（本黌）卒業生志望先推移
（『東京帝国大学五十年史』上，866ページより作成）

もっとも、一口に法科官僚といっても、政府が本当に育成しようとしていたのは、司法官よりもむしろ行政官、それも法学の訓練を経た行政官であった。政府は明治十八年の「文官候補生規則案」の説明で、陸軍に士官学校、海軍には兵学校があって士官をつくり、司法省に法学校があって裁判官を養成し、工部省に工部大学校があって技術官に任用する。ところが、「独リ行政官ニ至リテハ之ヲ養生スルノ場所ナキガ如シ。蓋《けだし》文部省ノ大学ハ則チ此任ニ当ラザルヲ得ズ」としている(6)。

伊藤はここでまず、官吏養成向きのカリキュラムを持った政治学及理財学科（文学部）に目をつける。同学科については、すでに第二章でかなり詳しくふれたので、伊藤がなぜ、どんな意図でこの学科に着目したのかは、改めて説明するまでもなかろう。

明治十六年、伊藤の参謀である井上毅は、東京大学の政治学及理財学科に優秀な人材を入れよ、と東京大学綜理加藤弘之に圧力をかけている。

政治経済の学か法律学か

要するに、伊藤、井上らが当初欲していたのは、ドイツ官房学系の素養を持った行政官であった。

官房学（カメラリスムス）の講座は、ドイツの大学では十八世紀に誕生する。中身は領主に富国策を建言する家老学・経世学ともいうべきもので、今日でいう経済学・経営学・警察行政学・財政学・統計学などを含む雑多な科目の総合体である。十九世紀にはさらに整備されて、国家学とか国家科学とかいわれるようになった。ドイツのばあい、実際には、純粋な法律の専門家は裁判官になり、行政官はどちらかといえば官房学の専門家であって、この二つは異なった専門職業として並存していた。そして、行政官のほうが地位が高かった。とくにプロイセンでは、体制側によって官房学・国家学が国家有用の学として伝統的な法律学にもまして高く買われていた。プロイセンの国王フリードリッヒ・ヴィルヘルム一世は「頭のよい者は行政官僚へ、頭の悪い者は司法官僚へ」と放言している。(7)

当時のドイツでは、新興の官房学・国家学を中世以来の古典的な神・法・医・哲の四学部のどこに帰属させるかが問題となっており、法学部ないし哲学部に置かれたり、あるいは国家経済学部という新学部をつくって独立するところもあった。官房学は何か特定の方法を持ち、純粋に学問の論理によって研究するものではなく、体制側の要請によって目的志向的につくられた学問であるから、本来は学問志向の哲学部よりも管理・実務志向の法学部に親近性があるものであったろうが、法学部出身者の古い職業的基盤を侵害する面があるので、古典的法学部の教授会からはとかく排除される傾向にあった。

ところが、伊藤たちが学ぼうとしたこのドイツ（プロイセン）の官僚制もドイツ統一の頃になると少し変質してきた。プロイセンでは一八六九年の文官任用令で、司法官も行政官も法律学中心の資格試験を受けることになったのである。(8)

何故そうなったか。領主権力が先頭を切り重商主義的政策に乗り出していた時代には、官房学という経世学が有効であったが、産業革命のおとずれるころになると、官僚の主な役割は、経済自由主義に基づいて活動する民間からの要求を吸いあげて立法化することに移り、そのために立法とその適用という法律学的教育が必要となってきたのである。(8)

これはまさに帝国大学発足のころの日本の状態にも適合するように思われる。日本のばあい、とくに外に向かっては条約改正の悲願があり、内に向かっては立憲的法治国家体制の確立、法体系の整備の仕事があって、当時の官僚社会には、他のどの時代よりも特に法律的知識が必要とされたという事情もある。

こうして、工学にかわる法科官僚養成のメイン・コースづくりは、ドイツ風の官房学の流れではなく、法学部拡充の方向のなかで実現されていった。

当時の東京大学法学部は、穂積陳重らの〝健闘〟はあるにせよまだフランス法のボアソナード系の影響はぬけず、伊藤にとっては不満足きわまる存在だった。数のうえでも、司法省法学校が実務法曹の主要供給源であった。また明治十年代前半から、明治法律学校（後の明治大）、和仏法律学校（法政大）、専修学校（専修大）、東京法律学校（中央大）などの私立法律学校が創設されてゆくが、そこでの法学教育は、少なくとも初期には、自由民権法学の教育を目ざすという色彩をおびていた。[9]そのうえ官学の東京大学でも自由民権運動の影響にまきこまれて、学生も法律を学んだうえは代言人（弁護士）になりたいという希望がつよく、順調に官吏になろうとする者が少なかったという。[10]

明治十六年、東京大学法学部の教授たち（学部長は前述の穂積陳重）によって、別課法学科を設立し、法律家を多数育成しようという、福岡孝弟文部卿宛ての建議が出されている。その一部を引用しよう。

欧米諸文明国ニ較《くら》フレハ学度ノ低劣復《ま》タ言ヲ竢《ま》タサルモノアリ故ニ代言人ノ位地未《いま》タ之ヲ高ムル能《あた》ハス司法ノ独立未タ之ヲ見ル能ハス治外法権未タ之ヲ廃棄スル能ハス此時ニ際シ

テ数多《あまた》ノ法律学者ヲ養成シ　益《ますます》法律ノ進歩ヲ謀リ以テ国権ノ拡張ヲ謀ルニアラサレハ代言人ノ位地得《え》テ高ムヘカラス司法ノ独立得テ見ルヘカラス治外法権得テ廃棄スヘカラス……

綜理加藤弘之もそれを受けて、

本学法学部ニ於テ既ニ卒業セシ者ハ僅々ノ数ニシテ爾後《じご》ト雖《いえど》モ猶数年之間ハ一ケ年拾名ヲ超ユル事ハ有之間《これあるま》敷《じく》ト存候

と慨嘆し、建議に全面的に同意している。(11) 当時東京大学の教授陣も外人から日本人にとってかわりつつあり、彼らが共同してプロフェッション（知的職業集団）としての自己主張を政府に対してぶつけるきざしがここに見える。

そして、明治十七年には司法省法学校の正則（速成ではない正規のコース）を文部省に移管して東京法学校と改称し、さらに翌十八年にはこれを東京大学法学部のなかに吸収して、法学部の強化をはかっている。

その年、文学部政治学及理財学科は文学部を離れて法学部に合流し、法政学部と称するに至った。さらに翌十九年に帝国大学となった時に、法政学部は法科大学となって、法科系官僚養成のための学部づくりは完了するのである。

政治科志望学生への警告

法科大学は法律科と政治科の二科よりなっていたが、事実は多少の必須科目のちがいがあるだけで、前者が司法官、後者が行政官に限るというはっきりした区分けではない。むしろ行政官になるにしても法律科出が有利で、政治科卒業生の官界への売れ口はもう一つ思わしくなかったらしい。明治二十二年、第一高等中学の卒業式に、これから帝大に入ってくる学生に向けて、時の帝大総長渡辺洪基は警告している。

今般政治科を卒業したる法学士中にも、任官を望む者多けれども、至りて売れ口宜しからず。現に過日農商務省にて法学士入用の照会ありしに付き、政治科の法学士を差し向けたるに、其後同省より法律科の法学士と引き換へ度旨《たき》申来れり。抑《そもそも》政治経済の学は治国平天下の術を行ふに須臾《しゅゆ》も欠く可からず。経綸の士之を修む可しと雖《いえども》、現時我国の政府にては斯《かか》る人才を要せず。将《は》た政治経済の学を卒業したりとて、直に大政治家となり得るものに非らざれば、自ら省みて斯学《しがく》を活用する敏才に乏しと信ぜらるる人々は、法律科を修む可し。左《さ》れば今の政府は一局一課の事務を善裁する人々を所望する折柄なれば、売れ口に窮することはなかる可し。(12)

この総長演説を知って、早稲田派は「帝国大学新設以来の奇観」としてはやしたてた。――帝大も自分なりの経験から、「到底機械的の小刀細工にては経綸の大人物を造り出す能《あた》はずとの先途を見届けたる上」で学風を一変して小役人の製造所に変わった。このような演説は学者養成に当るべき大学総長の演説ではなくて、文官試験局長の演説だ。こんなことでは、学問の独立を傷つけること、はなはだしい。そもそも学問は帝国大学の専売物ではない。馬鹿は文官試験局長のいうことを聞いて、法律をやって役人になればいいんだ。才士のやることではない、といきまいている。[12] 民権派法学の根城である早稲田らしい反応である。

古市公威の場合

明治の日本では、工科系高等教育機関をつくってまず官製の工学プロフェッションをつくろうとした。それは西洋では古くから権威ある知的集団であった法学プロフェッションよりも前に成立したとさえいえる。しかし、政府による丸抱え式の開発期を終えて、政府・官僚界は守りの構えに入り、官僚エリートの主流を法学系にとってかわられた。

その世の移り行きを最も身にしみて感じた人物がいる。古市公威である。南校時代、リーダー株の一人であった彼は、東京開成学校時代に選ばれて文部省第一回留学生となり、フランスに渡る。エコール・サントラルなどで工学を身につけた彼は、明治十三年に帰国後、内務省土木局に技官として就任し、近代日本の治水政策の基本をかためる重要な仕事を次々にこなしていった。土木局と兼任のままで初代の帝国大学工科大学長になり、明治二十三年からは土木局長の要職について、部下を土木技官で固めた古市体制を現出させた。[13]しかしその彼が、明治二十七年、技監（技術職として最高のポスト、勅任待遇）になる時、土木局長の後任に工科系出身者をすえることができなかった。

後任の土木局長は都筑馨六《つづきけいろく》であった。彼は明治八年に東京開成学校に入り、東京大学文学部政治学及理財学科を明治十四年七月に卒《お》えている。十四年政変後のドイツへの傾斜の波に乗り、翌十五年一月に政治学研究のためドイツに留学し、帰国後井上馨外相の秘書官として条約改正にあたるが、失敗して辞める。当時内閣はもっぱらアメとムチをもってする民党対策にあけくれていた。議会開設後は、内務省から河川修築案をいくら上程しても、議会で民党につぶされる。そこで、内務省に入った都筑は、もっぱら議会対策に辣腕をふるうことになる。

彼は河川法案を苦心して脱稿する。すでに技術的手腕よりも、法律的知識をそなえた議会対策の手腕のほうが、官僚の能力として買われる時期になっていた。そして古市を技監に棚上げした後の土木局長の椅子に坐ったのである。[14]

明治三十一年、古市は内務省技監も工科大学長も辞める。そのとたん土木建設事業における古市体制は崩壊し、法文系が技術系にかわってトップ・レベルを独占することになる。技監というポストそのものも古市をもって一時中断する。

また、明治十八年、工部省の廃絶とともに、工部大学校系の技術官僚も他の省庁や民間に移っていった。それでも当座は鉄道省などの工部省直系の省ではまだ工科系が勢力を持っていたが、徐々に法科系にとってかわられる。

そこで工科系出身者は、官業払下げ、日本資本主義の勃興とともに、民間に進出してそこに活躍の場を見出そうとする。しかし国営機関のなかで育成された日本の大学出技術者は、民間の商人に使われることを不名誉と心得、民間に入っても「国事を行なう」官業優先意識が強い。明治二十年代ともなると技術者の稀少価値も絶対的なものではなくなってくる。そしてその民業でもやがて法科系・事務系に押され、昇給速度で差がつけられてゆくことになり、官民を問わず「法科万能」が現出したのである。

第四章　出身と出世——上昇気流にのって

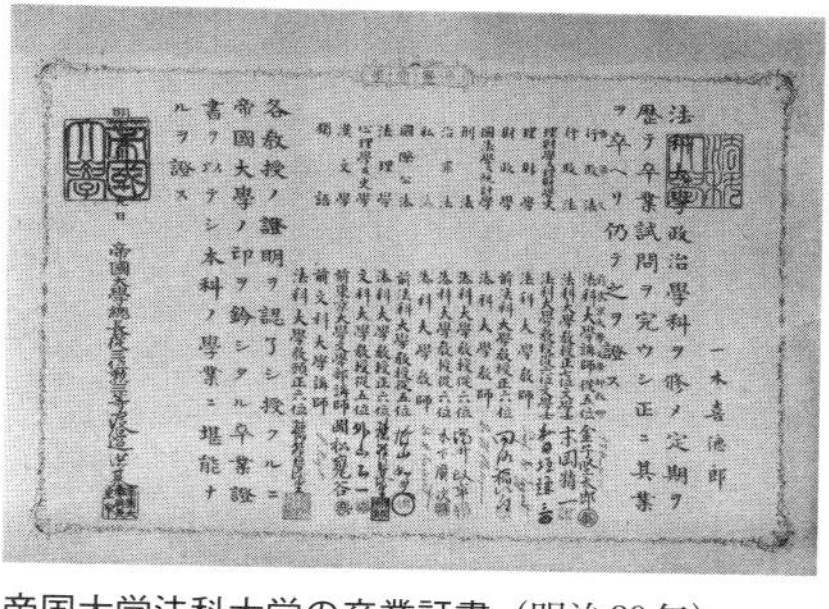
一木喜徳郎
法科大學政治學科ヲ修メ定期ヲ歴テ卒業試問ヲ完ウシ正ニ其業ヲ卒ヘリ仍テ之ヲ證ス
各教授ノ證明ヲ認了シ授クルニ帝國大學ノ印ヲ鈐シタル卒業證書ヲ以テシ本科ノ學業ニ堪能ナルヲ證ス
帝國大學總長

帝国大学法科大学の卒業証書（明治20年）

出世のシンボル

江戸時代の封建的身分社会では、人間二人が会うと、まず相手が士農工商のどの身分にあるかをたしかめてから、対話になる。今日の学歴社会では、ひとが二人会うと、まず相手はどこの学校を出たかが気になり、それがわかるまで安心してつきあえない。この間にどういうことがおこったか。それは学校という登龍門を通じて、縦の社会移動が行なわれたことを意味する。そして、明治におけるこの社会移動の機構のシンボル的位置にあったのが帝国大学である。つまり、家貧《ひん》たりとも、すぐれた子が努力して帝国大学に入り、立身出世をとげて、末は博士か大臣かといわれるようになる、泉鏡花の『婦系図』の世界が現出する。この章では、帝国大学がはげしかった明治の日本社会の階層移動にいかに貢献したかを、学生・卒業生の面からあつかう。

明治初年のベスト・セラー、サミュエル・スマイルズの『西国立志編』や、福沢諭吉の『学問のすゝめ』が広く読まれたのは、それが学問に志を立てることを手段とする、「立身出世のすゝめ」となったからである。その際の学問は実学であり、出世とは、福沢イズムの影響がどうであれ、まず権力をにぎり天下に号令することだったろう。産業革命はまだ遠く、儒教的・武士的価値観から十分脱していない明治初年の貢進生あがりの学生には、金力による支配という考えはまだピンと来るものではなかったろうし、それに至る致富の途も考えられなかった。彼らにはより直接的な政治権力を握ることのみが目標としてイメージできるものであった。明治初年にこれらの青年を支配した「参議ブーム」とは、そういうものである。大久保にしろ西郷にしろ、われわれと身分のうえでも年齢のうえでもさして差のない連中が維新の革命で参議になって寡頭政治体制をしき、国政の実権を握り、天下に号令しているではないか。――そう考える彼らには、政治権力への道が非常に身近に見えたのである。

しかし、明治政府が、とくに廃藩置県以後着々と諸制度をつくり、官僚制で固めてゆくにつれて、参議と学生たちとのあいだの距離は急速にひろがってゆく。その時に二つのコースへの分極化が行なわれる。自由民権運動に、また国会開設に夢をかける政談青年たちの対極に、「科学ニ誘導」された体制内出世コースがつくられて、そのなかを着実に権力に向かって歩む一群の青年が輩出する。

東京大学から帝国大学への系統が後者の流れであることは、少なくともその設立主体たる明治政府の意図からすれば明白なことである。ただ、東京大学時代はまだ出世コースの目標がはっきりしていなかったし、むしろ専門学校をつくってすぐに役立つ専門家を欲していた時代であったので、現業官庁系学校の出身者のほうが重宝がられる面もあったといえよう。そして、帝国大学になってからはじめて、藩閥政府のあととりを養成する機関と目されることになったのである。

そのためには、まず跡目の本命と見なされる法科大学の学生数を増さねばならない。このような政府の要請にこたえるべく、帝国大学誕生を機に従来学生数の多かった理工系を圧し

法科大学の講義風景（明治40年頃）

て、法科が最大の学生数をかかえる学部に成長していった。今日、諸外国の大学から来た参観者に法学部の教室を見せると、誰もその大きさに驚くそうで、儀式用の講堂以外にこんなに多数の学生をつめこむ大教室は外国の法学部にはないという。(1)法学部は法律家志望者のためだけのものでなく、帝大法学部出が官界を中心に最高の出世コースになっているので、多くの学生が蝟集し、大教室が必要となるという事情が、外国の参観者にはのみこめていないのである。

士族はどこへ行く

明治十四年度の東京大学卒業生についてしらべてみると、

医学部（総数二八／内士族一九）、理学部（一七／一四）、法学部（九／六）、文学部（六／三）

となっている。[2]　一般に士族が大部分だが、とくに理学部（つまり理工科）には多いことがわかる。

このころはまだ卒業生数も少ないから、統計的には意味がとぼしい。明治二十三年、つまり帝国大学になって入ってきた学生が卒業する時の調査[3]では、士族の卒業生中に占める率は理工系では八割以上、文科大学四分の三、法科大学三分の二、農は半分、医は四割となる。全体の平均は約三分の二である。一方、士族の全人口に対する比率は五パーセントくらいにすぎない。

理工系に士族出身者が多いことは、官立専門学校の卒業者統計にも現われていて、同じ明治二十三年で七割をこえる。

帝国大学は官僚養成機関であり、その中心は法科であるとすれば、旧官僚層である士族は法科に殺到しそうなものだが、まだ高等文官試験も実際に発足していないころのことだから、法科官僚優位の認識は世間では十分ではない。一見、理工系は士族メンタリティとはなじまないようにも見受けられるし、たしかに参議熱に浮かされていた明治初年の士族学生はおちついて理工系の勉強をするような雰囲気ではなかったらしい。[4]　しかし、秩禄と役職を失った士族層の子弟は、何らかの新しい仕事を見つけねばならない。医や農は旧幕中から平民の手で私的営みとして行なわれているから、今さらそのなかにわりこんでゆき、その下風《かふう》に立つことはできない。維新以後に発生した新しい職場で、彼らの伝統的職業と同じく公の事業であるのが、理工系の近代国家建設の仕事である。士族といっても、すべてが天下国家を論じ、政治的に支配し、経済的に優位に立つ階級だったのではない。とくに足軽など卒とかおカチといわれた軽輩が、みながみな強烈なプライドを持っていたわけではない。理工系の職種は、おそらく彼らにとって士族授産の最も高級なものの一つとして見えたであろう。

法科が歴然とした出世コースとして世間の目に映るようになったのは明治三十年代である。そのころになると、士族平民の別がだんだんうすくなり、帝国大学の卒業生でも士族出と平民出はほぼ同数になる。

それにしても、帝国大学は士族の巣であった。慶応義塾では明治十三年にすでに平民の数が士族を上まわったと福沢はいっている。明治二十三年の時点で私立の法律学校の卒業生のうち、士族は三割くらいのものである。(3) 国立の大学に士族が多く、私立に平民が多いという一般的傾向は明治期の特徴となっている。

貧乏士族の子弟は、せっせと勉強して官立の学校に入り、できるだけ官費の世話になりながら、将来官途につくことを目指す。それがつねに官禄を食《は》んで生きてきた彼らの家風に添うものであったろう。

一方、平民の上層部は、士族層とちがった文化や価値観を持っていた。庄屋、村医、酒屋など、地方の素封家《そほうか》は、武士体制がくつがえった維新の革命の前後を通じて、何も失うものなく連続している。この経済的に余裕のある層は、比率から見ても、士族よりもやや多いと考えられる。明治二十三年では、地租五円以上納入者は、士族のばあい二・八パーセントに対し、平民では三・九パーセントとなっている。

これら地方名望家層も、地方における教養層といえよう。ただ、士族とちがって学問を手職とし資格として、新しい職種に入ってゆかねば喰えないという強い動機づけはない。また、この階層には、参勤交代によって江戸文化に触れていた士族層ほどに、中央集権的な文化感覚はない。地方の文化圏に生活の基盤を持ち、中央にまで出かけてゆく必要を感じない層である。

しかし、教育の程度もだんだんたかまり、明治二十年代ともなれば、汽車もしだいに通じて、東京への遊学も便利になってきた。まず二、三男を都会に出して勉強させ、跡をつぐべき惣領さえも強く希望すれば遊学を許可せざるをえない。彼らは東京の私学に青春をおくる。二、三男はそのまま月給取りになって帰ってこなくてもしようがないが、惣領は卒業すれば国許に呼びもどされて家業を継ぐのが原則である。大部分がそうであったとはいえないまでも、このような上京就学のパターンは一つの典型であったろう。天野郁夫はこのような私学の教育を日本の教養教育、リベラル・エデュケーションとよんだ。(3) 士族の子弟の優秀分子は官学でフランスのグランゼコール型の詰めこみエリート教育を受け、平民のブルジョアや地方名望家層の子弟は私学でわりあい自由な都市遊学型を選ぶというフランスの高等教育にかなり似たパターンがそこに現出する。

試験の時代

今日の日本の学生にとっては、大学とは入口においても中でも筆記試験をするところだという印象が強いが、実は筆記による競争試験はそんなに古いものではない。

西洋の中世大学では筆記試験はなかった。紙がなかったからペーパー・テストはできなかった。そのかわり、西洋のスコラ学は論理や修辞を重視するので、能力のテストはいっさい討論の形で行なわれた。議論で相手に勝てばよい。それは試験というよりも弁論の試合である。学位取得の際に自らの論旨を並みいる先輩の博士の攻撃から守り通せて、はじめて学位を与えられる。この方式では、表現形式に制約はあるが、論理を磨きあげるのに適し、各自、自らの専門とするテーマを掘りさげる方向に向かう。今日でも西洋の大学の学位試験に口頭試問が慣行となっているのは、この中世以来の伝統を守っているのである。

筆記試験は何といっても紙を発明した中国が本場である。隋、唐のころから二十世紀初頭まで、有名な科挙の官吏登用試験が連綿とつづく。このやり方では共通試験が行なえる。つまり一定数の受験生に同一問題を課し、客観的な評価ができるのである。しかし、討論を掘りさげるものではないから、それ自体学問の追求には何ら寄与しない。競争筆記試験は学問の論理にはかなうものではなく、あくまで人に能力格差をつけることを目的とする。ただ一定量の知識の習得（暗記）を数多くの受験生に強いることによって、知識教養水準をあげる

ことはできる。(5)

明末清初に中国を訪れた耶蘇《ヤソ》会士は、広大な土地を文民支配できる中国の官僚制に印象づけられ、その官吏登用制度に感心した。早速ヨーロッパに持ちかえって、自分たちの学校コレジオ・ロマーノで採用したが、それが一般に採用されるようになるほど当時のヨーロッパは中国的な意味では「文明化」されていなかった。

アンシャン・レジームをこわす武器として、この能力テストを使おうといい出したのは、フランスの百科全書に寄稿したチュルゴーである。中産階級が古い体制に抗してのしあがろうとする時、彼は「才能に開かれたキャリアー」をスローガンとして、公正な客観的能力テストを上層社会に向けて要求する。(6)

中国の制度などまねするのはいやだ、という反論もあったが、以後、筆記試験は西洋でも大学に、また官吏登用試験に採用されるようになって、十九世紀後半には空前の試験時代が現出した。

当時の論調を見ると、たとえばイギリスではインド植民地官僚採用試験に筆記競争試験を導入したのが一八五三年だが、おかげで官吏の情実人事はなくなり、質がすっかりよくなった、と大歓迎である。優勝劣敗、ダーウィンの進化論が登場したヴィクトリア朝のことだから、能力による差は当然のこととして受け取られ、大学の学生名簿も試験の成績順で印刷される、ということに誰も異議をさしはさまず、不思議とも思わなかった時代である。

そういう国際的な試験万能時代に近代化を推進した明治政府が、この試験制度を利用しないわけがない。明治の政治リーダーたちは下級武士の出が多いから、試験制度を使って門地や家柄の秩序をひっくりかえしたい、と考えたのは当然である。その結果が、大学の試験であり、高等文官試験である。

工部大学校では卒業試験の成績によって三つのクラスにわけ、第一等、第二等は及第、第三等は修業、そして第一等および第二等にのみ学士号を与えた。卒業後工部省系などの役所に就職して後も、この成績によって初任給からはっきりその額に差をつけられた。

東京大学では学部の卒業者すべてに学士号を与えたが、それでは優等の成績で卒業した者も、かろうじて卒業試験に合格した者も区別がつかない。そこで、何らかの方法で差別を立て、優等生の卒業者である学士の名誉を尊重しようという議がおこり、卒業試験のほかに学士試問規則を定めて、すぐれた者に学士、他は得業士の学位を出そうと、明治十六年に文部省の認可まで得た。しかしその実施を見ないうちに、帝国大学となり、ついで学位令も制定されて、この案は日の目を見ることにならなかった(7)。

明治二十二年八月六日の『朝野新聞』によると、帝国大学の卒業生で官庁に入る者は、成績が八五点以上なら年俸六〇〇円、以下八四―七九点は五五〇円、七八―六五点は五〇〇円、六四―六〇点は四五〇円と、初任給から格差がつけられている。六〇点以下は落第だから卒業できないし、もちろん官吏になることはできない。

また、帝国大学だけでなくどこの学校も卒業生名簿は成績順で刷られている（このような試験第一主義が批判され是正されるのは国際的には二十世紀に入ってから、日本でも大正デモクラシーのころからである）。これらの能力判定はすべて筆記による競争試験が主であって、中世大学からの伝統である口頭による学問の試合は、日本の大学ではついに制度化されなかった（戦後新制大学院導入の際、アメリカをまねて形式として取り入れられているところもある）。

一方、入学については、帝国大学には入学試験というものは原則としてなかった。それぞれ時代により、高等中学校や（旧制）高等学校にほぼ選別機能をまかせてある。そして、高等学校と大学の学生数が対応して過不足のないよう、文部省としては常に意を配ってきた。(8) たまたまある分科大学の志望者が定員を越えるようなことがあった時は、高等学校のなかでの成績によってよい順から入学させ、悪いほうは一年待たせて次年度には無試験で入学させた。高等学校は予備門的性格を持っていたのである。(9)

高等文官試験

明治十四年政変の際に伊藤は明治二十三年に国会を開設することを約した。官僚制度づくりにしても、国会がはじまると、うるさく文句をつけられて、自由にならないから、それまでに既成事実をつくっておかねばならない。そう考えて実行した伊藤のもくろみは決して見当はずれではなかった。たとえば官吏の俸給でも、国会がはじまると批判が出て値切られ、極力低くおさえられるようになった。総理大臣の給料は国会開設時から戦前を通じて不変におさえられていた。[10]

ここで伊藤の官僚制度既成事実化のあとを見てみよう。すでに明治十六年の太政官布達で、従来の情実任用から試験任用制へと切りかえが試みられるが、決定的なものは明治二十年に出された「文官試験試補及見習規則」である。それまで、官吏任用にあたって勅任・奏任・判任の区別があったが、その間の差はまったく越えがたいものではなかった。それが、試験制度の導入によって、判任と奏任のあいだに明確な一線が劃《かく》されることになった。[11]つまり、この試験制度は、その前年（明治十九年）に定められた高等官官等俸給令、技術官官等俸給令、判任官官等俸給令などで規定される官僚の位階制とセットになっていて、試験を免除された帝大出と高等文官試験（高文試験）合格者はまず試補に任じ、すぐに奏任官にして高級官僚の卵として育て、私立学校出を中心とする普通文官試験合格者はいったん見習に任用したあと判任官にしてその下で働く中級実務官僚にしようというねらいなのである（技官についても、それに対応して、技監〈勅任官相当〉、技師〈奏任官相当〉、技手〈判任官相当〉という位階制が導入されたが、こちらは情実任用の心配がないということからか、高等文官試験にあたる官吏任用試験は設けられなかった）。

はじめ高文試験で、東京大学の法学部と文学部政治学及理財学科、さらに帝国大学法科大学の卒業生、つまり政府が官僚養成の本命として目をつけていた学生たちは、試験の免除を受けた。しかしこの措置は暫定的なもので、いずれ国会が開設されたら、帝国大学法科大学の試験免除の特権が議会の民権派の追及を受けてつぶされるだろう、それまでにできるだけ帝大法科の地位を高めておこう、それからまた、試験免除特権を与えて、帝大生の人材を官界に確保しよう、というのが政府の意図であった。

しかし、明治二十年の試験規則は、政界官界でもまだ十分その必要が感じられなかった。欧米で官吏登用試験が行なわれているから、日本もそれをまねるとよい、という程度の認識しかなかったらしい。とにかく帝大法科出は卒業即任官という時代がつづいた。本気になって高等文官試験をはじめようとするのは、明治二十六年に「文官任用令」と「文官試験規則」が制定されてからである。その時すでに成立していた議会の反対によって帝大卒業生に対する試験免除の特権が廃止されて、法科大学卒業生も高文試験の本試験だけは受けねばならないことになった。筆記試験は、憲法・刑法・民法・行政法・経済学・国際法の六課目に加えて、財政学・商法・刑事訴訟法・民事訴訟法のうちの一課目、計七課目からなっていた。それと並んで口述試験も行なわれた。法科大学生は、入学の時には無試験という約束だったのに、途中で試験を受けさせられるようになったのに反撥し、明治二十七年に行なわれるはずであった第一回高文試験をボイコットしている。

翌年の明治二十八年に実質的に最初の高文試験が実施され、多数の卒業生が官界に入った。明治二十八年法科大学出の進路は八十七名のうち、行政官が四十一名、司法官が十九名と卒業生の七割以上を占めており、このなかから首相二人（浜口雄幸《おさち》と幣原喜重郎）、平大臣二人を出している。初期のころは官庁に就職してから高文に受験するのが通例で、落ちると辞職か民間転出をすすめられたらしい(12)。

私学出にも無学歴者にも高文試験への道は開かれているが、彼らはまず予備試験を受けさせられ、十九世紀末までの統計ではそこで約三分の二がふるいおとされる。残りが本試験を受けるが、それでも帝大卒のほうが非帝大卒より受験者の数では少ないのに、合格者は上まわる。予備試験を加えて、帝大卒の合格率は四三パーセント、非帝大卒は六パーセントにすぎない。

帝大の卒業生が試験に有利なのは、試験官がほとんど東京帝大教授だからだといわれるが、それは後のことで、十九世紀中は試験官には大学教授よりも行政・司法官吏のほうが多かった(13)。

高文試験の予備校と化した法科大学の授業ぶりは、それだけに独特のものであったらしい。少し後になるが、明治三十八年の法科学生の手記によると、たとえば憲法の穂積八束《やつか》教授の授業は朗読講義で、テクストはなし、完全に筆記するしかない。そして、「講義・筆記・試験・及第」という「圧制塡込主義《つめこみ》」に追われて、「思ふ様に勉強出来ない」と嘆じ、当時すでに存在していた京都帝大の自由探求主義を羨望している(14)。

競争試験と位階制

すでに述べたように、どこの国でも官僚は法科出身というわけではない。官吏登用試験でいい成績をとることがエリート官僚への道となっているばあいにも、どの学科の成績がものをいうかは国によってちがってくる。たとえば当時のイギリスではインド総督となることが出世頭で、高級官僚の半数を出すオクスフォードとケンブリッジの出身者は争ってインド植民地官僚試験を受けたものだが、その試験課目は法律ではなくて、ギリシア・ラテン語や歴史、数学、自然科学のような一般教養課目である。(15) ただ、インド人の下僚の採用には法律を課して実務にあたらせる。

そもそも、イギリスのオクスブリッジの教育では、紳士としての一般教養を身につけること以外に、別に職業教育をほどこすことはなかった。法律家や医者のような知的職業は、中世大学やドイツの大学とちがって、司法院や病院で現場と接触しながら教育されるのであった。オクスブリッジに入学する上流家庭の子弟は、とくに大学で手職を身につけなくとも、将来支配階級として、人のうえに立ち人を支配することが予定され、期待されていた。

人を支配するためには、特別な手職、専門的知識はいらない。何らかの意味で人よりもすぐれていることを証明できればよいのである。本当なら、人格・識見の優劣を見ればよいわけだろうが、それでは客観的基準に欠けていて評価が定まらないということならば、虚学でも何でもよいから競争試験ではっきり客観的な点数を算出し、成績順を決めるのも一方法である。ケンブリッジではとくにニュートンの伝統を維持するために、数学の試験が古くからはじまって権威を持ち、ために将来、政治家志望の者も数学で頭のよさを示そうとした。数学が最も客観的テストをしやすい科目だからでもある。

かくして、ちょうど中国の科挙の制のように、直接行政に関係のある課目よりも一般教養的課目の点数で能力を判定されて官界に入るのが、イギリスの制度であった。日本の法学中心の官吏登用試験も、実はそれと本質的には似通っていたように私は考えている。

法律学というと一見、実学にも見えるが、高文試験の課目としての法学は、それほど実学的ではない（たとえば、「憲法上ノ大権ハ法律ヲ以テ制限シ得ルヤ」とか「土木トハ何カ」といった問に対して論述するのが、高文の法律の試験であった）。数学や歴史にくらべれば実学性はあるだろうが、語学や技術（工学）のような実学性はない。行政官に必要な学問・知識は専門家のそれではない。ドイツの国家試験で課される法律学にしても、必ずしも実学とはいえない。それは「法律学的なものの考え方」の訓練によって基礎をやしなうという教養の学であって、パンのための実学とはちがった虚学であった。帝国大学の法科大学の教育も同じ、あるいはそれ以上である。

官僚として統治するためには、とくに明治期のようにお上的権威を保つことが要請される時代では、役人は下々の民よりも頭がよいことが何らかの手段で証明されていることが必要である。その証明には、帝国大学の卒業式で銀時計をもらった、というような大学内の競争試験も効果はあるが、より広く誰でも受けられる高文試験のほうがさらに普遍的・客観的な評価基準になる。その能力証明の精神を体して、大学内の試験だけでなく、高文試験の合格者も成績順に並べられて公表され、その習慣は大正デモクラシーの空気のなかで大正八年に廃止されるまでつづく。

官僚としての本当の能力が成績の一番二番のちがいでそんなにかわるものではなく、この成績への固執は、まったく子供じみたものに見えるかもしれない。しかし、当時の明治政府は、官僚制度をつくりあげることに懸命であり、そのためには位階制を強化すること、そしてその位階制をつくるうえで誰も文句がいいにくい基準として、競争試験を全面的に利用しようとしたのである。

教官や技術官は専門職であるために、競争試験は課されずに高等官にもなれたのだが、法科出身者は高文試験に合格して一段と高い能力が証明されたことになる。法科系事務官が工科系技術官よりも官界で優位に立つ最大の根拠は、前者が高文試験をパスした人間だ、という点にある。高文試験の準備でつめこんだ法律知識の現実的な有用性よりも、多くの競争試験のハードルを越えたという輝かしい受験歴が、下僚や人民の畏敬を要請するのである。

虚学支配の構造

そもそも、試験には大別して資格試験と競争試験がある。運転免許やボイラーの缶焚《かまた》きのように一定の技能・技術の習得を検査するための実学の資格試験では、合格・不合格だけを示せばよいのであって成績順をつける必要はない。そのかわり、いくら相対的にいい点を取っても、物の用にたたなければ、車は暴走し、ボイラーは破裂する。だから厳格な絶対的基準による内容の試験が必要である。人を支配するためではなく、実際に役に立てるための手職を求める中下層の人たちは資格試験を受けようとする。その層に発生した工学は、したがって資格試験の論理になじみやすい。

明治時代のとくにその前半では、語学ができ、すぐ役に立つ技術を持つ人材が欲しかったから、大学予備門の入試などでも資格試験的性格が強かった。ところが後になるほど、試験を受けて学校に入り、官僚になる出世コースが見通せてきて、志願者も多くなったので、競争試験的性格が強くなった、といえる。そして、実学の資格試験、虚学による競争試験という対応関係が成り立つとすれば、明治前期の実学から後期の虚学への移行が感知できる。

この虚学による支配とその有効性の認識は、前章で述べた官庁エリートの工科系から法科系への重点移行と深く関連している。そして実学性と虚学性の対抗は工科系エリート、法科系エリートのそれぞれの内部でも初期から現われていた。

東京大学予備門は法・理・文学部の一般的な共通課程であったのに対し、工部大学校予科は徹底して集中的に理数教科と図学の教育を行なっていた。[16]しかし、社会に出ると、よりルーズな一般的カリキュラムの教育を受けた東京大学理学部工学科系の卒業生のほうが待遇がよく、工部大学校出は、虚学性のより高い東大理学部系にコンプレックスを持つようになっていた。

人のうえに立つには、実学よりもむしろ虚学のほうがよいことさえある。工部大学校生は実学的な教育を受けたというものの、彼らが卒業して現場に出ても、大学出はすぐには現場上りの古参の非大学出に太刀打ちできない。現場に出て、下僚に馬鹿にされて苦い思いをする。その点、東京大学理学部ないしは工芸学部出のほうが、専門は弱くとも、英語はじめドイツ語、フランス語のような現場に直接的に関係しない知識を持っている。当時は技術は外国のものを直訳・直輸入していたから、外国に対する機械の発注や仕様書の読みで、現場の叩きあげにはとうていまねできない外国語の強さを示せば、上に立つ者としての権威を保てる。

同じようなことは司法省法学校卒業生についてもいえる。彼らは実務の面では東京大学法学部卒業者よりもすぐれていたけれども、明治中期に官僚体制が整備されるにつれて、その下に位置づけられることになる。また実際の法律運用の面では、私立法律学校出のほうが実務に精通しているかもしれない。しかし、官僚の権威が実務に基礎を置いた場合、必ずどこかでボロが出ざるを得ない。絶対的であることを要請される官僚の権威は、現実との接触で鼎《かなえ》の軽重を問われる性格のものであってはならず、かえって現実から遊離した虚学に基礎づけられなければならない。それでこそしっかりした位階制が維持できるのである。ここに試験＝虚学による支配構造が生まれる理由がある。

法科系官僚の能力

では、法科出の官僚の支配する国と、そうでない国とはどうちがうか。それは重要な興味深い問題だが、あまりにも複雑で、おいそれとは答の出せるものではない。ここでは問題を提出し、多少のコメントをつけ加えるにとどめたい。

フランスでは、エコール・ポリテクニクなどのグランゼコール出身者が、総合大学である帝国大学をさらにもう一桁しぼったほどの官界のエリートである。エコール・ポリテクニクからは、「人による物の管理」を標榜する「空想的」社会主義者サン・シモンに追随する工学者が多く出るが、彼らが天下を取ると人間社会を橋や建物と同じように物として設計できるものと錯覚して、テクノクラシーの合理的支配を貫徹しようとする。その点、同じ管理的エリートといっても、法科系の場合は守りの型である。法律学のセンスを身につけ、常に第三者、判定者の立場に身を置く思考習癖を持っているから、大きな失敗の許されない国政の大事について醒めた目で人間のあいだの複雑な事象を要領よく処理することはできる。

芸術家肌の創造的エリートに任せると、どんなことをされるかわからない、という危険感がともなう。そもそも、個性の強い創造性に富む若者は、高文試験の退屈な準備には耐えられないだろう。官僚機構を効率よく運転させるためには、個性は不要である。その部品がそれぞれ個性を発揮しだすと全体としての機構がまわらなくなる。

以上、縷々《るる》述べてきたところをまとめて、かなり大胆に図式化すると、**図7**のようになる。これらの諸要素は、必ずしも因果関係の鎖で結び合わされるものではないが、相関関係があることはたしかである。その路線の変更の境目に立って、転轍手《てんてつしゅ》の役目をしたのが、帝国大学であった。

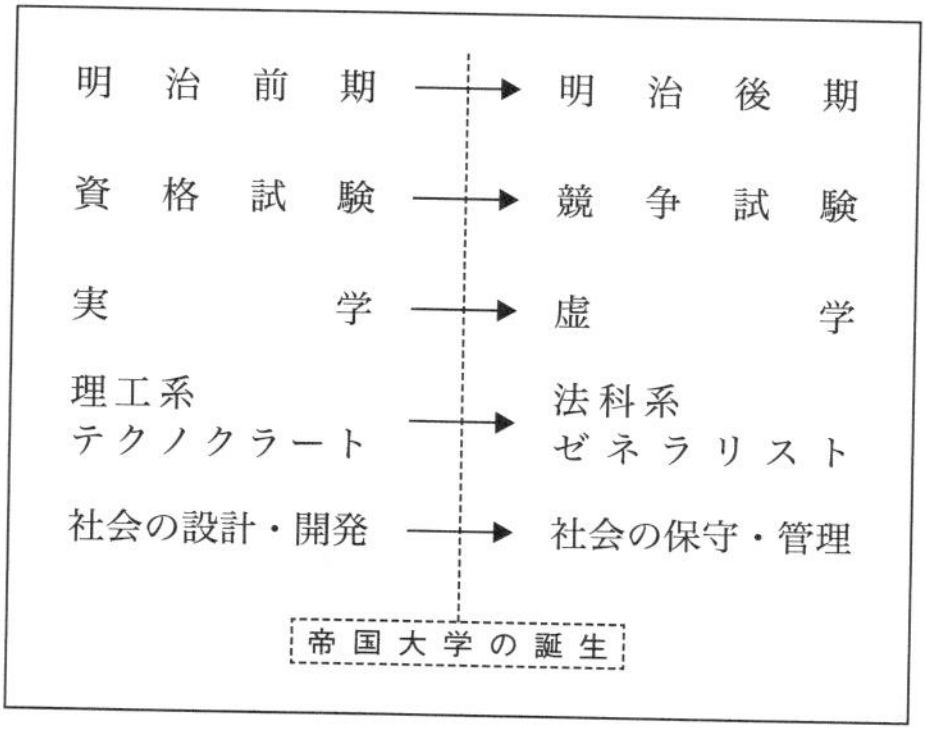

図7　明治前・後期のパターン変化

日本型出世コースの特徴

帝国大学法科卒業生の高級官僚独占はあまりにも有名な話なので、ここで改めて強調しようとは思わない。帝大法科出の形式上の特権としては、高文試験の予備試験免除があるといった程度である。非帝大系の高文合格者も、決して無視できる数ではない。しかし、そもそもその濫觴からして、伊藤博文の帝大法科出への期待と愛顧に発した高文制度であり、いったん制度がはじまると、あとは類は類を呼び、帝大出学閥をつくって官界を支配する。帝大法科卒の学歴を最も有効に生かすコースとして、行政官僚になる途がすぐに定着した。

ドイツも同じく法科官僚の支配だが、ドイツのばあい、大学を出てからも十年くらい無給の実務習得期間を経ねば、高級官僚への途は開けない。十年生活を維持するには、相当の資産がなければならない。だから、高級官僚は上層階級出身者にかぎられる。

日本のばあいは、帝国大学を出、高文に通りさえすればよい。大学を卒業するまでの費用なら、田舎の中農も何反か田畑を売ればひねり出せないこともない。明治十八年に文部大臣になり帝国大学づくりに当った森有礼は、この中流に目をつけて、

本大臣ハ大学ニ入ルニ足ルヘキ高尚ノ学力ヲ有スル者ハ……矢張中等生計ノ子弟其大多数ヲ占ムヘシト思フ、何トナレハ中等生計ノ家ハ其数多クシテ且最モ活潑ノ働キヲ為ス者ナルニ由リ、志操愈《いよいよ》発達シ欲念愈増長スル、其進度ハ上等若《も》クハ下等生計ノ者ノ比ニ非ラサルノ理アルヲ認ムレハナリ

と期待をかけている。(17)

日本のほうが高級官僚になれる層の母集団がドイツより大きい。したがって、それだけド

イツにくらべて官僚の質はよいと一般にいわれている。誰のための有能さかは別として、日本の官僚は国際比較のうえでは有能なほうだといえよう。

法律プロフェッショナルへの途は、行政官吏にくらべて魅力がうすいので、高文試験と並行して設けられた判検事や弁護士の試験では帝大法科卒に試験免除の特権を与えつづけていた（司法官無試験登用、弁護士無試験開業は、高文試験での予備試験免除と並んで、法科大学の「三大特権」といわれた）。そのため、今とはちがい、給料が行政官よりもやすく、出世もおそく、つぶしが利かないといわれた司法官吏（裁判官・検事）にも、初期にはかなりの帝大法科卒を集められた。その比率は、**表2**のようになっている。

表2　官吏のうち帝大－東大法学部出身者の比率

(%)

	明治33年	大正15年	昭和33年
行政官吏	29	18	17
司法官吏	21	11	5
計	50	29	22

（清水英夫『東京大学法学部』講談社ミリオン・ブックス，1965，48ページ）

もっとも、法科卒は数が多くなり、高級官僚のポストにかぎりがあるので、全部が役人になるわけではない。一九〇〇年（明治三十三）の時点ですでにその半数が民間に入っており、**図8**に見るようにその後どしどし民間進出がすすんで、現在では官吏になる率は二割くらいにさがっている。

一方、法科に追われるように官界から民間へ進出していった工科卒も、全体として見れば、工学士の就職先は明治三十三年の時点で、官界と民間がそれぞれ三分の一ずつで、匹敵する。ただ工科では専攻学科によって官界志向はちがう。土木や造兵、火薬では八割以上が官界入りするのに対し、早くから民間払下げになった採鉱、冶金では官界入りは四割を割る。(18)

帝国議会が成立した後は、さらに新たな出世コースが発生する。それは国会議事堂への途である。議会が開設されたころは、官僚は民党の矢面に立たされ、衆議院議員と高級官僚とは隔絶した存在であったが、議会が権力の根源であるという認識が確立するにつれて、帝大

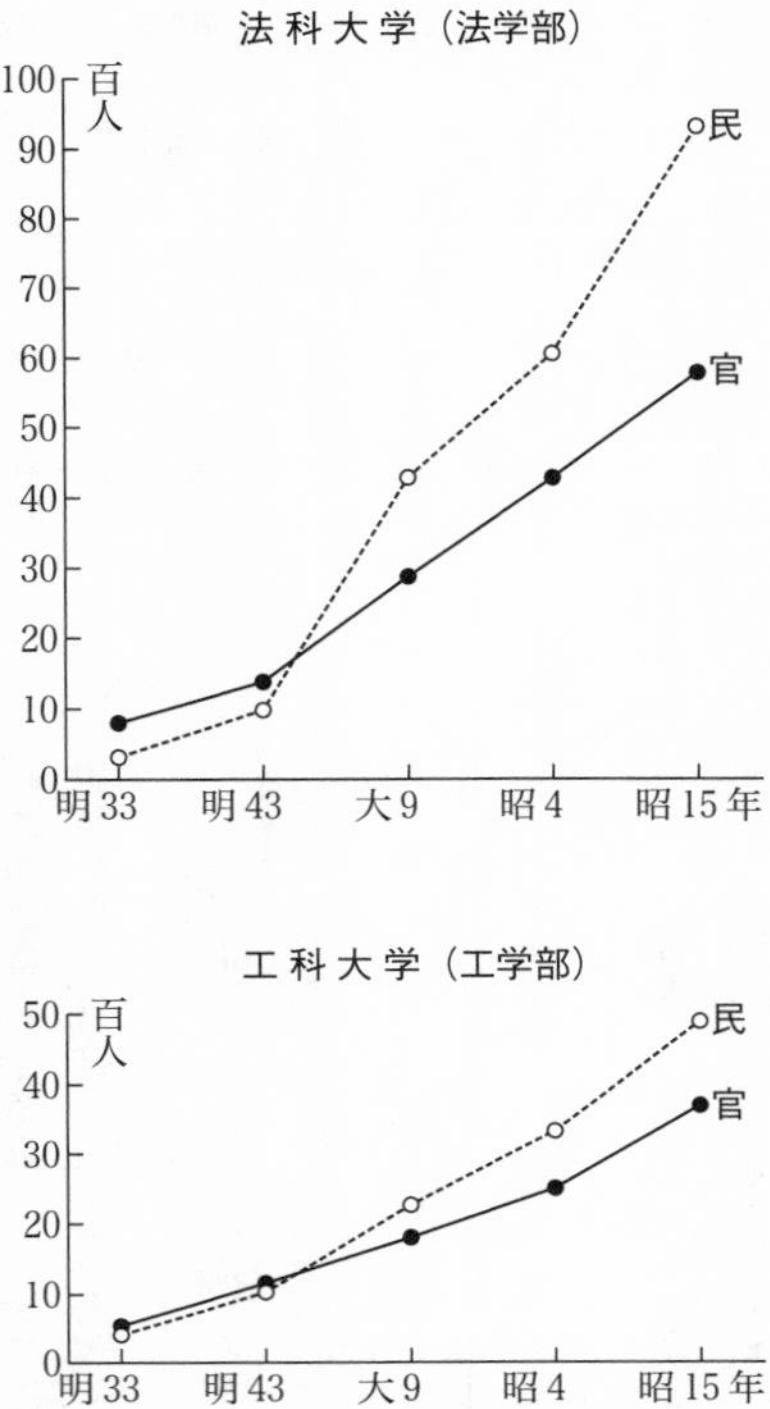

図8　法科大学と工科大学卒業生の職業領域
(『東京帝国大学一覧』より作成．官には行政・司法・宮内官吏，学校教職員，官庁技術員，陸海軍人，貴衆両院議員，民には弁護士，弁理士，新聞雑誌記者，会社鉱山等技術員，銀行および会社員，外国勤務者，その他業務者を含む．)

出官僚も退官後、衆議院に立候補して議席を確保し、大臣、さらに首相の地位を望むようになった。[19] それは、子分の官僚を議会に送り出して、議会をも自家薬籠中のものにしようという伊藤路線に添うものであった。

そこで、**表3**のように貴衆両院議員の出身経歴から東京帝国大学卒業生の数を取ってみた。法科卒が他のいかなる分科卒をも圧倒的に引きはなしており、法科から官僚へ、官僚から議員へというエリート・コースが見てとれる。

表3　分科大学（学部）別貴衆両院議員数の推移

学部＼和暦	明治33年	明治43年	大正9年	昭和4年	昭和15年
法	8	22	99	96	193
医	0	0	2	3	4
工	2	0	4	4	3
文	2	7	12	10	6
理	1	2	3	4	5
農	0	3	2	4	7
経済			0	0	2
計	13	34	122	121	220

（『東京帝国大学一覧』より作成）

格差の成立

明治前半は学校乱立の時代であった。専門教育の分野では文部省系の他にも工部省工部大学校、同美術学校、司法省法学校、札幌農学校、農商務省駒場農学校、同東京山林学校、海軍省横須賀黌舎といった高等教育機関が立ち並び、さらに各省に電信寮修技教場といった速成教育機関がつくられては消えた。また時代の要請にこたえて、私立の法学校や医学校などがどしどし発足する。それに明治初年には一般に変則と正則の二種のコースがあった。前者は日本語だけで教える速成コース、後者は語学からはじめて基礎から外国語で本格的に学ぶ正規のコースであった。

そうした乱立が帝国大学の発足時に整理されて、新しく教育制度の系統化が試みられる。工部大学校を帝国大学に合併吸収したのもその政策のあらわれである。しかし、それは単なる並存するものの統合整理だけでなく、縦に階層的に配置する意図が歴然とあった。つまり帝国大学を一段上にし、他のもろもろの学校との格差を明確にすることである。

大学というものはどこの国でも何らかの階層文化を背景としている。西洋の中世大学は必ずしも富裕階級のものではないが、近世に入って、オクスブリッジのように紳士教育によって上流階級の再生産、恒久化の道具になったところが多い。そして大学が特殊な文化様式の発生源になる。

一方、社会の変動期には、大学および一般に教育機関は階層移動のパイプとして機能する。現に帝国大学は秩禄を失った貧乏士族の良質分子を吸いあげて、官僚エスタブリッシュメント層をつくるのに唯一最大のパイプの役割を果たした。しかし、それと同時に新しい階層秩序をつくることにもなる。

西洋近代における身分秩序に、将校と兵卒、技師と職工、というような階層秩序がある。日本の資本主義生産機構にも、近代的軍隊・官僚機構にも、この秩序が取り入れられる。帝国大学成立時は、いったん維新の際にかきまわされた士農工商秩序を再整理して、エリート的上層とその配下に立つ一般層とに秩序立てる時期であった。

たとえば、技術官僚については、帝大出の技師の下で生涯技手として働く中・下級技術者養成のため、工手学校をつくる相談が、明治二十年に工部大学校、工科大学の関係者のあいだでまとまった。洋学者の出で榎本武揚《たけあき》とともに函館にこもった大鳥圭介は、維新後工部省に入り工部大学校長もつとめたが、その大鳥が工手学校の初代校長となった。大鳥校長は、それまで大工・鍛冶・諸職工などはほとんど十年間も修業したのを、当校では近代的教育方法で僅々一年半で一科の専門学を修得させる、卒業生は職工と博士の中間に立つ「軍曹ノ如キ」もので、この中間技術者を得てはじめて工業社会は完成したといえる、と書いている。[20]
また帝大卒業生からなる工学会は工業社会の上院で、工手学校卒からなる工談会は下院だともいっている。[21] この工談会は客員に工学士をまねき、会長に帝国大学工科大学長古市公威をいただき、完全に帝大出に従属する会合になっている。ちなみに、当時帝大工科大学出のうち士族は八五パーセント（明治二十三年）であったのに対し、工手学校出では士族の率は五四パーセント（明治二十二年）と低くなっており、学生生徒の出身階層もちがうと考えられる。

法科のほうは支配従属関係がさらに露骨である。明治十九年に文部大臣森有礼は「私立法律学校特別監督条規」をつくって、帝国大学総長に監督させた。東京専門学校（早稲田大学の前身）などの自由民権法学を統制し、下級官吏の供給源として私立法律学校を利用し、体制内に吸収しようとしたのである。「条規」にもとづいて、私立法律学校から帝大総長に授業日課表を提出し、またその卒業生で優等と認めたものを帝大に推薦し、法科大学で試問を受けさせた。東京専門学校のように反政府の最先鋒の学校でも、卒業生の就職のためには、帝大総長や教授を卒業式に招き、来賓として講演させるのが慣例であった[22]。

さらに医科でも、卒業生を見ていると、帝大出は地方の医学校教官や県立病院長など公職につくのに対し、その他の医学校出の中心は開業医となり、民間にあって営業する。法・工・医など大量の学士を生産する実学的部門では、上述のように世間に出て帝大出以外とはっきりした格差をつくる。「赤門出」とはそうした人間に対する世間の呼称である。理・文は卒業生数も僅少であって、世間では浮世はなれた象牙の塔くらいにしか思っていないから問題にならない。

このAクラスの帝大出とその他のBクラスの格差を生む教育システムが成立したために、世間の批判と怨念が集中的に帝国大学にふりかかる。その格差は東京大学時代はまだあまり意識されなかったことであり、帝国大学になってはじめて確固としたものになったのであった。

帝国大学は税金（官費）でまかなわれるのだから、月謝や諸経費のかかりも少ないことだろうし、貧乏人の息子も頭さえよければ帝国大学に入れる、という明治出世主義の幻想は、たしかに幻想としては存在した。しかし、帝国大学生の費用は、必ずしも私立学校よりも安くはない。明治二十二年では授業料は月二円五〇銭（七、八月の夏休は免除）で、その他寄宿料、被服料、薪炭料など合わせて、月に七円五〇銭から一二円かかる、とある。(23) それに対し、東京専門学校の費用（明治十八年）は、束脩《そくしゅう》(24)（入学金）一円、月謝一円、教場費三〇銭、それに寄宿生は賄費二円八〇銭、塾費三〇銭で、総計しても五円四〇銭、帝国大学生の費用をかなり下まわる。

　また、師範学校や高等師範学校、軍の学校は、初期の工部大学校のごとく、学費はお上持ちのうえ、官費を給されることもあるから、地方の貧乏士族の子弟を引きつけていたものと考えられる。しかし、帝大生にはとくに理科系では学生にも相当の額の旅費が給されるなど、手厚く待遇されている。学生一人当りの政府経費は明治十九年で帝大生が五〇〇円、高等師範学校生徒で五七二円であり、(25) 以後も両者のあいだで大差はない。

　出身階層の調査はなかなかむずかしいものだが、平均してみて、帝大生には初期には中央志向の強い士族の子弟が多かったが、明治三十年代ともなるとだんだん帝大の出世コースの確立が目立ってくるにつれ、しかも鉄道の普及で中央との接触が多くなるにつれて、地方の地主の子弟が多くなったようである。それに対して師範系には主として中小地主や自営農民層上層の子弟、つまり前者よりは経済力のやや低い中流出身者が集まったと考えられる。

　フランスには université impériale なるものがある。直訳すれば「帝国大学」である。しかしこれは特定の大学をさすのではなく、小学校から大学まで、小学区から大学区まで、学区制にしてヒエラルキー的に構成するナポレオン帝国体制的学校システムをいう。日本では明治五年の「学制」発布の時にフランスのこの制度を取り入れようとしたが、結局は失敗する。日本の帝国大学という学校は、フランスの「帝国大学」というシステムとは何らの関係もないはずである。しかし、ヒエラルキー的に構成して、そのトップにいっさいを包摂し支配しようという思想においては、まったく共通している、ということができる。

こうして帝国大学は明治半ばに成立した格差づくりの頂点に立ったのである。

第五章　明治アカデミズムの体質——講座制と研究

麻布時代の理科大学附属東京天文台
(明治40年頃)

アカデミズムとは

アカデミズムという言葉は実は和製英語である。フランスの美術の流派のうち、アカデミー派、つまり芸術院に拠る一派のスタイルをアカデミスムとよぶことはあるが、日本語のアカデミズムの語感からすれば、ジャーナリズムや世俗いっさいのことを卑しく見て、奥の院にとじこもる象牙の塔精神のことだと定義してよかろう。その際、その拠るべき象牙の塔はアカデミー（学士院）かそれとも帝国大学のような大学かが問題になる。

十八世紀までは、その答はより簡単であった。十七世紀のイギリスにおこった科学革命は、大学とは直接関係しない。それを担ったのは紳士層が自主的に組織したロイアル・ソサエティ型の学会、アカデミーであった。イギリスに負けじと国家が科学の育成に力を入れたフランスのばあいでも、研究の場はアカデミーであり、大学はそれとは別にプロフェッショナル養成の場として位置づけられていた。

十九世紀初頭にベルリン大学が創設されたころ、たとえば、数学はじめ他方面に業績をあげた大学者フリードリッヒ・ガウスは、同大学の招聘をことわり、ベルリン・アカデミーなら研究の時間が十分あるからまんざらでもない、と返事している。学者としての名声・地位の保証はアカデミー会員であることであって、大学教授であることではなかった。

学問の後進国であっても、帝政ロシアのペテルスブルク科学アカデミーのように、絶対君主の虚飾の場として国際級の学者を招き、学術水準を誇示するという機能が、アカデミー

（学士院）には存在する。

しかし、日本が近代化を開始した十九世紀の後半ともなれば、こうした学問領域全体をカバーするアカデミーは、学問の最前線から取り残された存在になっていた。研究の場は、とくに自然科学系のばあい、学者の私邸からドイツ型大学の研究室やゼミナールへと移り、研究発表の機関は専門化された各個別学会に取ってかわられていたのである。こうした時代に欧化に乗り出した明治政府には、アカデミーを育成しようという意識は欠落するか、あるいは稀薄であったといえる。

その意向の端的な現われは、明治期のアカデミーである学士院の影のうすさに認められる。

明治八年ころから文部省では学術の諮問機関の設置を考えていたが、学監モルレーの勧告を受け、田中不二麿《ふじまろ》文部大輔の指示で明治十二年に欧米先進国の制度をしらべた末、とくにパリのアカデミーをまねて東京学士会院（日本学士院の前身）を設けた。パリのアカデミーは研究機能を持つだけでなく、大学の人事権や学会賞の選考権も握る強力な機関である。東京学士会院についても、会員神田孝平（蘭学者出身の元老院議官）は、フランスのアカデミーのように人事行政権を持つ強力な機関を考え、当時続々できつつあった個別学会（東京数学社、化学会、東京生物学会、工学会など）のうえに立って、その連絡総合にあたり、さらに外国のアカデミーと連絡することを意図した。会長西周《にしあまね》もフランスの制にならって、会員

を厳選し月俸を給して研究にあたらせようとした。(1)

しかし、当時文部省から諮詢《しじゅん》を受けてその設立にあたったのは、西、神田のほか、加藤弘之、津田真道《まみち》、中村正直、福沢諭吉、箕作秋坪《しゅうへい》の七人で、いずれも明六社のメンバー、その多くは蕃書調所の関係者で、年齢も四十代半ばから五十代半ばであった。彼らは幕末維新期には新知識の洋学者として大きな役割を果たした人びとであったが、明治になって外人教師に習い、留学して磨きをかけつつあった新しい世代の学問を掌握するにはすでに過去の人たちであった。また国際的にも、前述したように十九世紀後半は学問の専門分化の時代であり、一国を代表する総合的、一般的アカデミーは研究の最前線たる機能を喪失して、もはや単なる栄誉機関に転じつつあった。東京学士会院は欧米の学問の最前線を追いかけるには旧式すぎるものとなり、結局、過去の栄誉を担う人たちのクラブの観を呈した。彼らの投票で、若い世代を加えて会員数を二十一名としたが、院の性格を変えるべくもなかった。

田中文部大輔が明治十三年に失脚してからは、東京学士会院は河野敏鎌《こうのとがま》文部卿の下では軽視され、学術技芸と教育の大綱を論ずべき最高審議機関としての期待を満たすものにはならず、早々に廃止論にさらされるはめになった。その後、松方緊縮財政下で経費も削減され、結局は穏健で何もしない学者養老院といわれる存在になってしまった。(1) 失望した福沢は脱会してしまっている。

かくして、専門分化と科学の職業化のはじまった十九世紀後半にあたって研究・教育の組織づくりを行なった日本は、西洋の先例に反して、時代おくれの学士院型アカデミーを問題にせずに、まず人材養成のために帝国大学をつくり、その帝国大学にアカデミーの機能をも賦与させることになった。つまり、帝国大学に最高学府として教育の最高レベルを担わせると同時に、研究面でも一国の最高レベルを維持させる、という二重の機能を明治政府は期待したのである。さらに外交的、鹿鳴館的虚飾の場としても、アカデミーよりも帝国大学に期待したのである。

しかし、明治政府が大学の研究機能を本当に重視したかというと、そうではない。個々の学者のレベルでは、留学先でドイツ大学哲学部の研究志向に触れて、その空気を帰国後の帝国大学の個々の学科づくりの際に盛りこもうとした試みがあったであろう。しかし、全体としての帝国大学づくりにおける政府の重点は研究機能にはなく、さしあたっては人材養成のみがその関心事であったといえよう。初代文部大臣で帝国大学の生みの親である森有礼の「帝国大学ニ於テ教務ヲ挙クル学術ノ為メト国家ノ為メトニ関スルコトアラハ、国家ノ為メノコトヲ最モ先ニシ最モ重《おもん》セサル可《べか》ラサルカ如シ(2)」という言葉は、森の国家主義路線を示す端的な表現としてよく引用されるが、それはまた学術研究よりも国家の須要に応ずる人材養成を優先する発言でもある。

独のゼミナール、米の大学院

そこで問題になるのは、明治十九年の「帝国大学令」で、五分科大学と並んで、研究者養成のための大学院を置いたことの政府の意図である。さしあたって、そのモデルとするところとしてドイツの大学が考えられるのだが、実はドイツの大学には大学院というものはない。そこでは明確に卒業というものがないのだから、大学の学部と大学院の区別もつけられない。大学とは不特定多数の学生群に対して講義をするところ、つまり教育の場である。では、〝大学における教育と研究の一致〟という、いわゆるフンボルト理念はどうなるか。

実はベルリン大学の創設をめぐって、フィヒテのように講壇から学生聴衆に雄弁に語りかけようという劇場型の講義中心の講壇哲学派と、古典学者フリードリッヒ・ヴォルフのようにゼミナール室の少数精鋭の選ばれたメンバーのあいだでの原典の講読・解釈・考証に励もうという学問研究至上主義者とのあいだに対立があった。おなじく学問といい、研究といっても、フィヒテとヴォルフのあいだでは学問観に大きな差がある。その間の妥協・共存・総合をはかろうとしたのがフンボルト理念にほかならない(3)。

ゼミナールというのは、ドイツの大学史上劃期《かっきてき》的な制度とされているが、これは単なる授業のやり方を指すのではない。それなら自然発生的に、いついかなる場所でも成りたち、制度というほどのものではない。実はゼミナールというのは予算のついた制度であり、教師が特別の給与を受けるだけでなく、選ばれた学生メンバーにも多少の手当（奨学金）が与えられ、さらに図書やゼミナール室の施設がつく、大学内における特権的な制度である。学生聴衆を多く集めて聴講料かせぎをする公開講演式の劇場型大学では、非常に専門化した特殊研究は育ちにくいので、こうした形で政府が特別に保護を与えたのである。

一八三〇年代に生化学者リービッヒにはじまる自然科学の実験室研究教育も、劇場型大学では育ちにくい。そこで文科系や理論科学系のゼミナールに相当するものとして、インスティトゥート（実験室）をつくって実験施設を国家がまかなった。これはゼミナールの倍以上予算を喰う。これらゼミナールや実験室が実際はドイツの大学の大学院的機能を担っていたのである。

日本ではゼミナールや研究室に相当するものは、即座にはできなかったが、あえていえば、後述するような明治二十六年にできた講座制がこれにあたる。

大学が教育の場所か、研究の場所か、はたまた両者を統合するところか、という議論は、先進西洋諸国では帝国大学が成立する十九世紀末からかまびすしくなった。大学では最良の教師は最良の研究者であらねばならない、研究の最前線の熱気を学生につたえる、それが大学の教育であるという、フンボルトやヘルムホルツの理念は、実は研究と教育の乖離《かいり》がすすむ現実のなかで危機意識に駆られて高唱されたのである。研究の最前線が前に伸びすぎて、そこで起きた新しい情報を大学で後続の学生たちにつたえようとしても、学生はついてゆけなくなる。学生を話し相手、議論の相手として研究していた大学の学者の幸福な時代はおわりつつある、教師が自らの研究成果を大学生の前に並べても、学生を混乱させるだけだ、と哲学者パウルゼンが一九〇六年に出した著書のなかで嘆いている。[4]

ドイツ大学では崩壊しつつあったフンボルト理念を救ったのが、ちょうど帝国大学の出発期に、アメリカで成立しつつあった大学院制度である。当時アメリカではドイツの制度をまねて、大学のなかに研究を制度化して取り入れようとしていたが、伝統的紳士教育の牙城である学部教育との衝突を避けて、そのうえに大学院をつくって、そこで研究者を養成しようとしたのである。

しかし、アメリカの大学院はドイツの大学とはかなりちがう。その主な点をあげると、

(1)十九世紀初頭のドイツ大学の哲学部の興隆期は講壇哲学が花形であったのに、十九世紀末のアメリカの大学は新興の自然科学的(心理学もふくむ)研究に最もよく適合するようにつくられている。

(2)したがって、ドイツ大学に特徴的な私講師の制や学問の自由を犠牲にしても、易より難への授業計画を持った組織的なトレーニングを大学院レベルでもやろうとする。

(3)学位制度(博士号取得)と大学院のコースが密接に結びつけられる。つまり大学院とは学士よりも上の学位取得をねらう人のための制度である。

大学院づくりの失敗

明治十九年の「帝国大学令」によって生まれた大学院については、とりあえずは世界各国を見まわしても、当時成立しつつあったアメリカの大学院しかモデルとしては考えられない。それにしても二十世紀初めならともかく、十九世紀にあっては、まだアメリカの大学院も制度的に安定したものではなかった。それをあえて取り入れようとした明治政府、ないし大学当局の意図がどこにあったか今もって明確ではないが、これも明治政府の鹿鳴館的発想、西洋並みへの上昇志向の現われと解してもよいだろう。つまり、帝国大学の成立のころともなると、洋行しなくとも、日本でも研究者養成ができることを示したくて、大学院をつくったのだろう。

日本の大学人、研究者養成の歴史は「洋行」からはじまる。明治八、九年の文部省留学生は日本の学校を中退して西洋で大学教育を受けたのだが、明治十年代に入り東京大学が卒業生を出すようになると、大学を出てすぐ留学するのが学者になることを志す者のふつうのコースになった。とくに明治十五年の文部省の「官費海外留学生規則」以来、東京大学卒業生を留学させて、帰国後お雇い外人にかわって大学で教える、というコースがはっきりしてきた。[5]まだ十分確立していないアカデミックなポストに有為の青年を引きつけるためには、文部省は留学という制度を利用した。また留学生は大学院レベルの研究の習得をもっぱら留学中に外国の大学で行なった。

しかし明治十七、八年ころからは、大学を出てもすぐには誰しも憧れる留学の順番がまわってこないようになってきた。そこで、洋行しなくても研究のトレーニングを続けられるコースとして、明治十九年の「帝国大学令」で大学院が設けられることになったのだろう。

翌明治二十年五月には「学位令」が公布され、ここで大学院と学位（博士号）が連絡する。それはまさにアメリカ型大学院であり、大学院学生は入学後二年間、各分科大学の研究科に属し、入学後五年して学位試験を受けることが定められた。博士になるもう一つの道は、論文を各分科大学長と評議員からなる帝国大学評議会に提出して審査を受けるという方法であった。

翌明治二十一年から加えられた推薦による博士号授与の制度については、当時、ボス学者のお手盛り推薦だ、情実だ、とジャーナリズムからしきりに批判されたが、大学院の課程をすまして学位を受けるという制度については、表立った批判は出ていないようだ。その大学院出の課程博士の第一号は植物学の斎田功太郎（明治二十四年八月理学博士）、第二号は物理学の長岡半太郎（明治二十六年一月理学博士）である。

この課程博士は理科に多く、文・工・医・農にも見られる。また医や理では早くから論文博士が見られる。法や工には推薦博士が多い。

ところで、研究科在籍の二年間は在籍料を取ったが、明治二十四年からは無料となってしまう。これは早くもその時点でアメリカ式の大学院づくりをあきらめた証拠とも考えられる。あとは大学院を制度的に整備することを考えず、そのまま放置しておいたらしい。課程

の実質的内容の充実がはかられた形跡はない。そして大正九年の改革で博士は完全に論文博士制となり、課程博士は消える。(6)

その間、大学院がどのような機能を果したかについては、各科により事情が異なり、一概にいえないが、工科大学では明治三十二年から四十一年のあいだに大学院生百名前後といういちじるしいピークが現われている。また大学院生総数では明治四十二年にピークが来て、その数、千名をこえる。しかしそれは必ずしも研究のために大学院に残ったということではないらしい。法科・医科では国家試験の準備のために大学院に残る者があったし、また法・工では就職浪人のたまり場ともなり、官庁・企業などに技師として勤める者が大学との接触を保つために大学院に籍を置くということもあった。(7)

日本の（旧制）大学院は、出発点ではアメリカの大学院をまねしようという意図があったことは高根義人の『大学制度管見』にも見られるが、このようなありさまでは、とうていその実があがったとはいえない。アメリカの大学院がカリキュラムと学位制度とをそなえた研究者養成制度として発展し、今日までアメリカが誇る世界の大学のモデルとなっているのに対し、日本の大学院は学位制度との連絡もはずされ、カリキュラムもなく、ただ何らかの事情があって籍を置いておくだけの、まったく形骸化した姿に堕落した。

このような対照的な発展の原因をさぐると、アメリカでは大学院は教育中心の学部から独立して（初期にはそれに反逆して）成立し、学部の規則をあまり受けずに制度として独自の発展をした。それに対し日本では、後に（明治二十六年ころ）井上毅文相が帝国大学を研究中心のアカデミーにしようと意図したことがあったが、すでに社会的エリート養成機関としての地位を確立した帝国大学の各分科大学側からの非協力・抵抗にあってうまくゆかなかったほどである。明治以降の日本で大学の主な社会的機能は官僚の供給源であり、まだ研究が教育から独立するような段階ではなかった。だから、各分科大学がはるかに強力であり、すべての仕組みは人材養成のための各分科大学を中心として発展したために、どの分科大学にも属さない大学院は名ばかりのものにとどまったのである。

理科や文科が帝国大学の中心であるなら、ドイツの大学やアメリカの大学院のように学問研究が教育の中核になり得るが、帝国大学の場合は、その世間的権威は高級官僚を生み出す法科大学の権威によって保たれているのであって、大学院などは世間でもほとんど問題にされず、話題にものぼらなかった。

講座制の成立

明治十九年に「帝国大学令」を公布したころは、明治政府の意図としては、法科を育ててドイツをまねた官僚制をつくりあげることにばかり気を取られていて、大学本来の機能である学問の教育・研究、すなわち日本のアカデミズムをつくるためにドイツ・アカデミズムを輸入する仕事はおくれていた。

政府側のアカデミズムづくりの意図が、成文の形で現われるのは、明治二十六年の帝国大学令改正の際の講座制創設においてである。この改正は当時の井上毅文相の手で行なわれたもので、制度的には十九年の「帝国大学令」よりも内容に富む重要なものである。

講座制の主な実質的内容は、一教科を一教授に担任させてこれを講座とよび、本俸のほかに講座俸を給することにした点である。

講座制の成立以前は、東京大学以来の学科構成があったが、同じ学科のなかでは教官は何を専門とするか、制度的には何も定められていなかった。いわば、一つの科目の専門家として看板を掲げる必要はなかった。専門分科の時代の大学としては、これはあまり体裁のいいことではない。いわば、教師集団の成熟度が低い、幼稚さの現われとして目にうつる。

そこで、井上は、大学内の研究教育の責任体制、とりわけ大学教授の専攻分担を明確にする必要があると痛感した。さらに、官僚制度の一環としてつくられた日本の大学では、大学内の教官の俸給体系が年功序列の構成になっていて、若手教官の待遇が低かったので、講座制を導入して講座俸を与え、研究による業績給的・能力給的要素を俸給制度に反映させようとした。(8) 少なくとも以上二点が表面に現われた講座制導入の理由である。

つまり、井上のやったことは、いいかえれば、上から学問を査定して帝国大学で専攻すべき専門を定め、その専門分野の教育と研究を深くすすめる褒美として、本俸のほかに講座俸という特別手当を出す、というものである。

当時教授の本俸（年俸）は八〇〇円から一二〇〇円、平均一〇〇〇円であるのに対し、職務俸（その大部分は講座俸）は四〇〇円から一〇〇〇円であったから、決してばかにならない割合である。(9) 前者はほぼ年功序列にしたがうが、後者は講座の格づけによってちがう。大学に昔からある分科の講座俸は高くて最高六五〇円（とくにかつて最もプレスティージの高かった医と理はたいていこの最高額）、工科はやや低くて最高六〇〇円、明治二十三年に東京農林学校を格あげして帝大に加えた農科はさらに低くて、最高五〇〇円と学問の値段が井上文相の手で決められている（**表4**）。工、農のようにドイツ大学のなかで正統な位置を得ていない応用科目を低く見る井上個人の学問観がそこに現われていて興味深い。同じ分科大学のなかでも、新しく付け加わってきた科目や周辺的な学科は安く、医科では皮膚病学・黴《ばい》毒《どく》学四〇〇円、理科では地震学・人類学が五〇〇円、文科では教育学五〇〇円というように値切られている。農科については、井上自身は帝国大学に入れることに反対で大学の外に出したかったのだが、横井時敬《ときよし》や佐藤昌介《しょうすけ》などの農学者の意見によって残すことになった、という事情があり、講座俸の値踏みにも彼の私見が現われているものと思われる。

なお、講座制を敷いた時、とくに工学部などでは大学側はかなり多くの講座を設けるよう要求しているが、井上文相によって大幅に削られている。それでもなかなか講座担当に適切な人材が見つからず、予定された席が埋まらないで、不完全のまま発足した。

明治十年代までの新国家の建設期は現業官庁でどしどし新事業をやっているのに対し、東京大学はまだ成熟していなかった。だから、欧米留学からの帰朝後、現業官庁へ転職・流出する研究者が少なくなかった。先に述べた古市公威なども、内務省官僚が本務であり、帝国大学工科大学長が兼務であったことからも、当時の帝国大学教授のプレスティージがまだ確立していなかったことが知れるであろう。いわば日本の社会は純知的な職業を、権力を持つ官僚よりも評価するほど文化的に成熟していなかったのである。こうした状況下で、帝国大学教授の「待遇ヲ優厚ニシテ地位ヲ安固ナラシムル」[10]ために講座制を設置し、とくに新進若手の教官の待遇を改善して頭脳の官庁や現場への流出を防ごうと井上は意図したと考えられる。

もっとも、裏からの見方も可能である。木村毅によると、井上の親分の伊藤博文は心酔するビスマルクに学者操縦法を尋ねたところ、学者に専門研究を奨励すると、専門ばかにな り、政治などは軽蔑して口を出さぬようになる、という秘訣を伝授され、帰国後教わった通り専門尊重に切りかえたそうである。(8) これはさらにそれより以前の明治十一年に伊藤博文が上奏した井上毅起草の「教育議」にある「高等生徒ヲ訓導スルハ宜シク之ヲ科学ニ進ムベクシテ、之ヲ政談ニ誘フベカラズ」と根本的に同じ発想から出るもので、学生への対処策が大学教授にまで拡張されただけのことである。

かくして、大学人に対する保護と懐柔と管理という政策を持つ伊藤政府の傘の下で、講座制アカデミズムが成立した。

文科大学

国語学，国文学，国史
第一 650円
第二 650円
第三 500円
第四 500円
漢学，支那語学
第一 650円
第二 （講師400円） 500円
第三 （講師200円） 400円
史学，地理学 第一 650円
第二
哲学，哲学史 第一 650円
第二
心理学，倫理学，論理学
第一 650円
第二 650円
社会学 650円
教育学 （講師200円） 500円
美　学
博言学 600円
英語学，英文学
独逸語学，独逸文学
仏蘭西語学，仏蘭西文学
現計 7,600円

理科大学

数　学 第一 650円
第二 650円
応用数学 （講師350円） 650円
星　学 第一 650円
第二 （助教授325円） 650円
物理学 第一 650円
第二 650円
化　学 第一 650円
第二
動物学 第一 650円
第二 650円
植物学 650円
地質学，古生物学，鉱物学
第一 650円
第二 650円
第三 （助教授250円） 500円
地震学 500円
人類学 500円
現計 9,750円

農科大学

農　学 第一 （講師250円 講師250円） 500円
第二 500円
農芸化学，化学 第一 500円
第二
林　学 第一 （講師400円） 500円
第二 （助教授250円） 500円
第三
植物学 （助教授250円） 500円
動物学，昆虫学，養蚕学
第一 500円
第二 500円
園芸学 （講師200円） 450円
畜産学 450円
地質学，土壌学 400円
農林物理学，気象学 500円
農政学，経済学 500円
家畜解剖学 （助教授250円） 500円
家畜生理学 （助教授200円） 400円
家畜内科学，家畜外科学
第一 500円
第二 500円
第三
現計 6,900円

通　計 5万4,075円
5万5,750円
差　引 1,675円剰余

（寺崎昌男「『講座制』の歴史的研究序説(2)」『大学論集』第二集，1974，82－83ページ）

表４　施行当時における講座毎職務俸額一覧（明治26年９月）

法科大学			
憲法・国法学	第一		600円
	第二		600円
民　法	第一		650円
	第二		650円
	第三		650円
商　法			650円
民事訴訟法			400円
刑法，刑事訴訟法		(450円)	650円
経済学，財政学	第一		650円
	第二		650円
	第三		
統計学		(200円)	500円
政治学，政治史		(200円)	500円
行政法			500円
国際法		(400円)	500円
法制史，比較法制史		(250円)	500円
羅馬法			600円
英吉利法	第一		
	第二	(兼担200円)	400円
仏蘭西法			
独逸法			
法理学			600円
	現計		8,700円
医科大学			
解剖学	第一		650円
	第二		650円
生理学			650円
医化学			650円
病理学，病理解剖学	第一		650円
	第二		500円
薬物学			650円
内科学	第一		650円
	第二		650円
	第三		
産科学，婦人科学			650円
小児科学			650円
外科学	第一		650円
	第二		650円
	第三		
眼科学			650円
皮膚病学，黴毒学		(兼担200円)	400円
精神病学			650円
衛生学			650円
法医学			650円
薬　学	第一		650円
	第二		600円
	第三		500円
	現計		12,850円
工科大学			
土木工学	第一	(助教授200円)	600円
	第二	(　同　200円)	500円
	第三	(教授100円 講師300円)	400円
	第四		
機械工学	第一		600円
	第二		
造船学	第一		600円
	第二	(助教授200円 講　師200円)	400円
造兵学		(講師300円)	500円
電気工学	第一		600円
	第二	(助教授250円)	500円
造家学	第一		600円
	第二		500円
	第三	(講師200円 同　300円)	500円
火薬学		(講師300円)	400円
採鉱学，冶金学			
	第一	(外国教授400円)	600円
	第二		600円
	第三		500円
材料及構造強弱学			500円
	現計		8,950円

井上毅の意図

ここで誤解のないようにいっておくが、今日講座制は教授一、助教授一、助手一（ないし二）の垂直的な上下関係を持つ行政単位としてあり、狭い人間関係のなかで教授の家父長的支配を許すタテ社会の悪い例として非難されることが多い。しかし、それは大正十五年以後のことであって、講座制成立期は一講座一人（できれば教授、さもなければ助教授か講師）の単位であった。後のタテの系列化は特殊日本的発展であった。

講座という新語がどんな由来を持つかは明確ではないが、ドイツの大学の Lehrstuhl の訳語ではないかと考えられる。しかし、実際には井上が調査したモデルは必ずしもドイツ系ではなかった。井上が大学教師の俸給を研究した跡は、現存する井上旧蔵の大学制度資料[11]に残っている。その目録を一瞥すると、とくにフランスの制度をよく調べているようである。

思うに、井上の思想からすれば、法科主義官僚制をドイツから採用しようとしたが、ドイツ大学の制は必ずしもいただけるものではなかったのだろう。中世大学以来の伝統をかなり多く残すドイツ大学は、絶対主義官僚国家の成立以前の所産であり、ただ近代になってプロイセン流の国権主義と妥協（と部分的反撥）しながら存在していたにすぎない。もしドイツ大学（とくにその哲学部）がまったく国権主義の所産であるならば、ドイツへドイツへと草木もなびくあの国際主義的名声を学問の世界で博し得なかったはずである。第二章でも述べたように、むしろ領邦国家として存在したなごりの地方分権主義、領邦君主と領邦大学間の新しい学問導入と学者引き抜き競争が学界に生気を与え、そして制度的にルーズでアモルフなところが、学問の発達に対して柔軟な対応を可能にした、と評価することができる。[12]

国権主義者井上の好みにかなうものは、そんなにルーズな制度よりも、フランスのナポレオン体制下につくられた中央集権的教育制度であったはずである。井上もドイツ・アカデミズムの権威には畏敬の念を抱いており、学者は一般行政官とはちがう遇し方をしなければならない、と考えていたが、彼らを帝国の傘の下に置かねばならないという発想においては、まさに官僚である。

井上が帝国大学令を改正した時に意図したものは、帝国大学を官僚組織のなかにもっとしっかりと位置づけることであった。講座制を導入して、帝国大学をもっとよく管理しようというものであった。

制度というものは、何らかの歴史的要請が発生したばあいに、それを解決するためにつくられるものである。ところが、明治日本のような制度の輸入国では、その歴史的文脈から独立して、すでに法文化されたものとして西洋から輸入されるが、同じような歴史的事件にぶつからないかぎり、その運用や法文の背後にある意味はなかなか正確には理解されない。

西洋の大学のばあい、講座というものは、その学問を発展させようとする勢力の要請と経済的支持があって、一つ一つ大学の内につくられていったものである。その文脈から離れたところで、一挙に上から講座をワン・セットとして制度的に導入しても、その環境にうまく適合するものではない。その結果、運用してゆく過程で思わぬ弊害が出るものだが、その際、制度がフィード・バック不能なまでにしっかりつくられていると、形骸化が歴然としてくる。官僚制度の一環として位置づけされた講座制は、まさにこの固い制度の典型として機能し、制度をまったく必要としないか、あるいは柔軟な制度でないとこまる学問発展の論理との背馳《はいち》がはなはだしくなる。明治二十六年に固定された講座制のその後の運命を見れば、それはあまりにも明らかである。

明治アカデミズムの相対的独立

初代の講座担当者は、すべて明治以前の生まれの世代であるが、維新後に政府の人材養成計画に乗って文部省留学生に選ばれ、帰国後お雇い外人にかわって帝国大学教授の地位についた人がほとんどである（留学経験者は約九割）。これを明治アカデミズムの世代とよぼう。その一世代前、福沢諭吉などの世代は、青少年期に幕末維新の動乱、体制の変革を経験しているので、明治政府の権力というものを相対視する視点を持っていて、藩閥政権に完全に隷属するという形ではなかった。だが、明治政府に養育された明治アカデミズムの世代にとっては、もう明治政府は絶対的存在であり、彼らの感覚としては何事をなすにも政府を通じて行なうという発想があった。たとえば、長岡半太郎は講座制のできた明治二十六年にドイツに留学しているが、そこでドイツの大学教授がポケット・マネーをはたいて研究資材を購入しているのを見ておどろいた、と語っている。日本では当然、いっさい政府の費用で賄われるのが常識だったからだろう。

しかし、そうしたなかでもアカデミック・プロフェッションが育って、その集団に共通した利益の自己主張を政府に向けて発するといったことはおこる。

明治二十二年四月一日付の「帝国大学独立案私考」は、外山正一、菊池大麓などの分科大学長、評議員クラスの大学管理者層の見解として出された、行政府と議会の干渉を排除した大学自治案である。

明治二十三年から五年間、渡辺洪基のあとをついで帝大総長をつとめた加藤弘之の自伝には、「議会開設以来は大学の経費を減ぜらるること再三におよび、これがために経費の予算については世人の知らざる心配なきにあらず。ゆえをもって、毎年大学にて予算上の評議会を開くにあたりては、あるいは午後十時ないし十二時までも評議を尽くさねばならぬこともずいぶん少なからず(13)」とある。大学管理者層が意図した独立は、藩閥政権からよりも、民権議会の予算審議権からの独立・自治であり、軍部の統帥権の独立と同じようなステイタスが目標であったのだろう。

さらに明治二十二年五月付の「帝国大学組織私案」では、理科大学の飯島魁《いさお》を筆頭に、藤沢利喜太郎《りきたろう》、桜井錠二など二十七名の教授陣によって、各分科大学教授会による自治の確立がうたわれている。[14]

政府や世間では、帝国大学を官吏養成の場と見なして、法科大学に注目するが、大学内部では、学生数の少ない理科大学のようなところでも、このように法科と同じ地位を主張する。その結果、帝国大学内の教官定員の割り当てや、優等卒業生数の割り当てなど、六分科大学が同じようになるよう配慮され、勢力均衡がはかられた。

こうした明治二十年代の帝国大学アカデミズムの自己主張の結果、帝国大学は明治国家のなかでの一小国家となってゆく。さらに明治二十六年来の講座制によってその地位が保障され、勅任教授という肩書でも持てば、その地位は、天皇の権威が後楯《うしろだて》にあるのだから、容易に冒されるものではない。政府によって育成された明治アカデミズムも、政府から相対的独立の地位をかち得るまでになっていた。また、純学問的で学生が寄りつかないがアカデミズム維持のため後継者養成が必要な「特別保護を要する学科」に対しては、特に学生資金を支給して専攻を奨励した。それには、法理学、哲学、史学、和文学、漢文学、博言学（言語学）、数学、星学（天文学）、物理学、純正化学、地質学、動物学、植物学と、主に文・理科の学科が名をつらねている。

その「相対的」独立の実情を、明治三十四、五年の自らの学生時代（東京帝国大学法科大学）を回顧して、吉野作造は次のようにいっている。

……ちょうどそのころ〔三十四、五年ごろ〕から大学の諸教授もわりあいにゆっくりした気分で学生に接するようになったと思う。今から回顧するに、それ以前にあっては政府でも、条約の改正だ、法典の編纂だ、幣制の改革だと新規の仕事に忙殺され、したがって学者の力をかる必要も繁《しげ》かったので、帝大の教授は陰に陽にたいていそれぞれ政府の仕事を兼ねさせられていたものらしい。今日は閣議がありますからとて講義半途に迎えの腕車《わんしゃ》に風を切って飛んで行く先生の後ろ姿をうらやましげにながめたこともしばしばある。ところが明治三十四、五年のころになると、政府におけるそれらの用事もひととおりは片づいたばかりでなく、少壮役人の中にだんだん学才に富む人物が輩出して、ために大学の教授の助力をかる必要がなくなって来た。なかには役人でありながら専門の学者を凌駕すると評判されるような人も輩出する。今の文相水野錬太郎君・前首相若槻礼次郎君のごときはその中の錚々《そうそう》たるものであった。こういうわけで帝大の教授と政府との腐れ縁は漸《ぜん》をもって薄らいで来るのであるが、ここから私はおのずから二つの結果が生まれて来たと考える。一は前にもいったようにはじめて教師と学生との間の親密の連鎖を生じたことで〔これもだんだん学生の激増のために永くは続き得なかったが〕、二は教授の境遇を独立にし意識的にも無意識的にもなんらの拘束を感ずることなく自由に研究し公表するを得しめたことである。その以前の教授の立場が自然政府の弁護者たるの臭味に富みしは疑いなき事実であるとすれば、日本の学界における自由思索の発達は、一面においてこうした妙なところに隠れたる連絡を保つことをも看過することはできぬのである。[15]

官界からアカデミズムが独立したのか、官界がアカデミズムから独立したのか、とにかく政府御用がお払い箱になって、はじめて学問の自由を享受することになった。程度の差こそあれ、他の分科大学でも、おなじような変化があったであろう。このようにして明治アカデミズムのアカデミック・フリーダムは政府の傘の下で成立する。

講座制学問分類の保守的役割

アカデミズムが権力の一機構として位置づけられるばあい、その最大の機能はおそらく審査機能であろう。その典型的なものはフランスのアカデミーで、そこではあらゆる種類の賞を出し、また大学教師の人事にも権限を持つ。それはフランスの学界の中心であり頂点であった。

日本の帝国大学アカデミズムは、このアカデミーの機能だけでなく、学者の再生産機構のヒエラルキーも支配する。帝国大学の教授は専門学会も後継者のレクルートも支配する細く高い尖塔に位置する。

世人はこの象牙の尖塔を仰ぎ見て思うだろう。そこには日本の最高の知識がつまっている。もし何かわからないことがあれば、帝国大学へ行けば解決できるのだろう。実際には近よりがたいものだが、とにかく日本帝国にもそれだけの知識がそなわっているのだから、安心だ。いざという時には引き出して役に立てられる。帝国大学へ行ってもわからなければ、もう諦めるよりしようがない。さらにその尖塔は海の外、西洋にもつながっている。帝国大学にはそれぞれ専門に応じた講座があって、あらゆる西洋の学問を受け入れる窓口になっている。だから、日本は世界の大勢におくれをとることはないから、これまた安心だ……。

工科大学工学実験試験室（明治37年頃）

しかし実は、安心してばかりはおれない。学問はどしどし変わる。西洋の学問に相当する講座を設けて、それぞれパイプをつけたからといって、その西洋の源泉が涸れれば、吸いあげるものがなくなる。実際にその間に西洋で新しい学問が発生するのだが、明治二十六年に講座制を敷いた時につくったパイプの数を、容易に増やすことができない。古いパイプを切って新しい源泉につけかえることもできない。たとえば、講座制発足時には、細菌学の講座がなくて、衛生学講座に含まれていたが、その後いくら細菌学が伸びてきても、新しい講座として独立できない。細菌学が東大で講座として独立したのは戦後のことである。さらに後に生まれて発達したウイルス学におよんでは、もうすっかりお手あげである。古いパイプの形骸の中身を新しいものにするくらいがせいぜいである。世間に向けて新興学問の正統性を表立って主張するためには、新しい大学をつくって、新しい学問分類原理の下に新講座をつくらざるを得ない。事実、新しい学問は、京都帝大以下の新設の大学で意識的に東京帝大に対抗して講座として置かれることもあった。

細菌学の講座が京大で独立したのは大正五年である。

結局は明治二十六年に学問の正統性を決定し、固定したことが、講座制の最大のガンであったろう。その当時、帝国大学の講座にならなかった学問、バスに乗りおくれた学問は、未来永劫正統な学問として認められないおそれがある。

工学や農学のような応用学問が帝国大学で学ぶ学問としての位置づけを持ったことは、後の発展を楽にした。ドイツの大学では学部構成が固定し、工学を寄せつけなかったため、十九世紀以来、大学と高等工業学校（T・H）の関係・位置づけが常に問題になり、後者が工科大学と名のるようになった今日でさえも完全に解決されているとはいえない。

しかし、学部内の講座は、日本のほうがドイツよりもはるかに安定・固定している。講座制をつくった時、新興の学問があらわれた時にどうするか、という考慮が全然されておらず、変革に対応する制度的装置が加えられていない。また形骸化した講座をどう整理するか、という装置も考えられていない。このような装置がないかぎり、学部・学科・講座構成、つまり官製の学問分類は必ず保守的な役割をする。

帝国大学になって学科の構成が決まり、講座制によってその細目が決められた学問分類から外れた学問をやろうとすると、世間から、あるいは少なくとも政府から、なかなか認められなくて、大変苦労することになる。

講座制発足時は、学の蘊奥を極めるのを奨励するという意味で講座俸をつけたのだから、それは研究のための分類であって、教育のための分類ではなかったはずである。しかし、研究の最前線の開発には分類は必要ではない。むしろ邪魔になる。

ただ既成の学問集積量を伝承するための教育用の分類としては、講座制分類も意味があろう。学生に学問の最先端の流行に目を奪われずに、たとえ流行おくれになった学問でもみっちり基礎として身につけるようにさせる、という意味においてである。それに学生の学問習得量には一定の限界があるから、むやみに新設講座をふやして、学生に負担をかけるわけにはいかない。しかしそれにしても、十九世紀につくられた講座制学問分類に、教育の面でもいつまでも制約されることがあってよいわけはない。

明治二十六年に決まった講座の数と名称は、第一次大戦後の大学令のあとで大正八年に改革されるまでの二十七年間にどの分科大学でもほとんど変わらなかったといえる。多少新設講座（法学部でいえば外交史や海法など）が認められるが、学問の存在意義がなくなっても決して消滅しないのが講座制の特徴である。そして新興の学問はむしろ京都帝大その他新設の大学に、さらに大正期以後には大学附置研究所に設けられるのが定石である。もちろん、講座名はそのままにしても、その中身が変質しているという例はいくらでもある。ただ、そのばあいも看板の講座名にどうしても制約されがちである。

結局は日本の学問の大枠は講座制発足の時に決まったのであって、いまだにその十九世紀的学問分類から完全には脱し切れず、脱したつもりでもその尾を曳《ひ》いていることが認められる。中南米の新興国の大学には、それまでスペイン支配の中世大学的学部構成を維持していたのが、革命後は、まったく二十世紀的学問分類に変わっているところがある。敗戦ということがあっても、そうした劇的な変化は、日本の大学ではほとんどおこらなかった。

科学研究か教育か

システマティックに専門家養成をめざすアメリカの大学院の興隆に刺激されたドイツでは、第一次大戦前にカイザー・ヴィルヘルム協会（今日のマクス・プランク研究所）をつくった。卒業のないドイツの大学には仕組みのうえで大学院をつくることはむずかしい。それよりも、フンボルト理念を放棄して、大学の教育の義務から学者を解放し、フル・タイムの研究者として研究所で研究に没頭させるほうが能率的だと考えたのである。研究と教育の分離である。この方式は革命後のソビエト科学アカデミーに受けつがれ、さらに中国科学院にも踏襲された。

日本ではこの問題にどう対処したか。前述のように帝国大学の大学院は制度として不成功におわった。日本の帝国大学アカデミズムではまだ教育が中心であって、研究面で国際競争の檜舞台に打って出るなどとは考えられなかった。アカデミーは必要ない、すでに西洋で研究されたものを学ぶには大学さえあればよい、というのが、政府、学者の共通認識であったろう。

講座制をつくったことは、いわば帝国大学の各教授におのおの走るべきトラックを指定したようなものだった。このトラックには、しかし競走者はいない。文科系にはまだブルジョア慶応、民権早稲田のような対抗馬があったが、医学は別として理科系では官立帝国大学が唯一の尖塔である（理工科を置こうとした早稲田、同志社での明治期の努力は、学生が集まらず中断した。明治期の私立の理工系学校は、先にあげた工手学校と、帝大卒業者による科学普及運動として創立された東京物理学校くらいで、後者が多くの理科教師を生み出したことが目立つのみである）。

講座制成立時に教授になった人たちは、前述のように九割までが欧米留学経験を持つ少壮の学者である。その平均年齢三十八歳（最低の法科大学では三十四歳）[5]、まだ若く、引退までには二、三十年の時間がある。そして、無競争下に明治の後半から大正の初期まで、明治アカデミズムのなかで君臨する。

彼らは留学先で欧米の研究的生活に触れる。とくに初期の留学生は留学期間も永かったから、その間に結構ヨーロッパの仲間に伍して、学界の最先端の業績もあげている。あるいは、最先端のテーマを掴んで帰国する。たとえば、後に農科大学教授となった物理学者北尾次郎がドイツのゲッチンゲン大学留学中に行なった「大気運動と台風の理論」は、日本の学界の水準とはかけはなれた高踏的な理論研究だった。ところがそのような問題を日本に帰ってから続けようとしても、議論の相手がない。いきおい、刺激がないものだから、中断されてしまうことになる。

そのようなばあい、明治アカデミズムの世代が取るべき途は二つある。一つは西洋で習得した原理を日本というフィールドに応用する応用研究の業績を出すことである。この方面には明治初期の外人教師たちの先駆的な仕事がある。東京大学時代の、R・W・アトキンソンの日本酒醸造の化学的研究、E・ナウマンの日本列島地質構造論、E・S・モースの海産動物の研究、大森貝塚の発見、日本陶器の蒐《しゅうしゅう》集などである。彼らは日本の自然や伝統工芸に強い好奇心を寄せ、近代科学のメスを入れて解明しようとした。これらは主にフィールド科学とよばれる分野での業績であるが、地域的要素の少ない普遍的な物理科学の分野でも、J・ミルン、T・グレー、J・A・ユーイングらの外人教師が日本を足場として地震学をつくり、T・C・メンデンホールも学生とともに富士山頂で重力測定を行なうなど、地域に密着した研究を出している。彼らは日本人学生を助手として研究したが、その学生たちが成長して明治アカデミズムの世代になり、地域的科学の領域では早くから業績をあげるようになる。そして、欧米の科学の最先端に対するコンプレックスからいち早く解放される。理科大学地質学科の教授原田豊吉が早くも明治二十一年にナウマンに論争をいどむことができたのも、そうした地の利を得た分野だったからである。

その他の国際的分野では、欧米の学会誌に引用されるような業績は二十世紀に入るまではまず出なかった、としてよい。

しかし大部分の明治の世代は、研究よりも官製アカデミズムの責任者として講座固めや学会の制度づくりに精力をそそいだ。留学中にとったノートをそのまま読むだけ、と陰口をたたかれる教授もいた。

明治アカデミズムの世代でも年齢の高い（早く留学した）層として、ケンブリッジで数学を学んだ東京大学の初代数学教授菊池大麓や、アメリカで物理学を学んだ日本人最初の物理学教授山川健次郎がいる。その菊池には英語による和算の紹介以外に研究業績はない。山川に至っては皆無である。が、菊池、山川はともに東京帝大総長になり、さらに菊池は文部大臣（明治三十五～三十六年）にもなって、学術行政家として生涯を送った。

菊池・山川に次いで明治アカデミズムの講座制初代教授がずらりと並び、それぞれの専門の学科と学会をとりしきるが、彼らが老年に達した明治末期は、日本のアカデミズムも一つの沈滞期をつくる。

一戸直蔵の明治アカデミズム批判

いったん帝国大学の講座が明治アカデミズムの世代で固められると、次の世代の出番がない。学界の行政的な面は初代で固められ、頭を抑えられるから、次代はどうしてもより摩擦の少ない研究面にエネルギーを注ぐ。初代長老の明治アカデミズムの世代は、幕末に生をうけ、明治の学術体制がまだ定まらないあいだにあって、体制づくりに精出したが、次の世代には、すでに初等教育から帝国大学まで、学者になるコースがひらけていた。この順調な近代的教育のコースに乗って生産された大正に活動期を持つ学者の世代は、学問的実力のうえでは当然初代長老をしのぐことになる。しかし、大正の世代が研究面に活路をひらこうとする時、明治アカデミズムが抑圧体としてはたらく。大正の研究至上主義の論理をつらぬこうとすれば、明治の制度の論理がブレーキをかける。明治アカデミズムの世代は、とくに国際性の強い理科系の学問では、国際会議に日本国家を代表して出かけるが、彼らの役割は個人としての研究を世界の学界にむけてチャレンジするというのではなく、アジアの新興国日本を背景とする文化外交の要員として、儀礼的交歓と国際的研究協力の縄張りに参劃するのである。それに対して、研究志向の大正の世代は、コスモポリタンの個人として、研究の国際的評価水準に接近しようとする。

この明治アカデミズムの抑圧的機構のなかに入りこもうとする新しい世代は、もし彼が十分に知的に鋭敏であれば、なんらかの抵抗を感じたはずである。[16]

この明治アカデミズム体制の壁に激突し、玉砕した最もはげしい例は、一戸直蔵《いちのへなおぞう》である。一戸は明治三十六年東京帝国大学理科大学星学科を出て、アメリカに学び、帰国後アメリカ流の高山天文台、巨大望遠鏡を日本にもつくろうと、赤城山頂に天文台を築く案や台湾の新高山頂をダイナマイトで爆破して天文台をつくる案をひっさげて鋭意つとめたが、初代の明治アカデミズムの世代に属する寺尾寿《ひさし》東京天文台長と衝突して、明治四十四年学界を追われる。野《や》に下《くだ》ってからは『現代之科学』と題する科学啓蒙誌を発行したが、経営難と過労のため結核が昂《こう》じて、大正九年、四十四歳の働きざかりの年齢で壮烈な生涯をおえる。

彼はその編集する雑誌の論説で、学界の老人支配に対して仮借《かしゃく》なき攻撃を加えた。帝国学士院を論じて、その終身会員制を廃せよ、選挙人を公開せよ、と唱える。また「校舎なき大学」を各地につくりたい、という案を出している。そのほか、既成アカデミズム批判は熾烈《しれつ》をきわめ、今日に至るまでのアカデミズム批判、大学改革論の萌芽は、ほとんど彼の言説のなかに出つくしている観がある。

彼は、国内向けにはあいかわらず斯界の権威として、国外向けには各専門の日本代表として自らを持する明治アカデミズムの支配体制にがまんできなかった。第一次大戦後、国際学術研究会議の下部機構として学術研究会議がつくられることになった時、帝大人を中心とするその設立準備の動きを一戸は批判していっている。

其設立委員なるものは余りに年老へたる人々が多数を占めて居る。研究会議である以上此の如き老輩を設立委員とするのは当を得ない。本邦の元老政治と言ふ風習は何処にも亦何《いず》れの時にも行はるゝの甚しいのに驚かざるを得ない。大学教授の位置を老年の故で退いた所謂《いわゆる》後進の為めに勇退した人々などをあげたり、現在委員に請はれる丈の役に立たない人々をあげたりする現状では研究の邪魔にならないとも限らない。今日は設立委員として委員長藤沢利喜太郎、委員古市公威、桜井錠二、小藤《こと》文次郎、寺尾寿、田中館愛橘、飯島魁、長岡半太郎、大森房吉、池田菊苗《きくなえ》、中村精男《きよお》、井口在屋《いのくちありや》、松村任三《じんぞう》、平山信《しん》、大沢謙二、岡野敬次郎、山崎覚次郎を見た次第であるが、是等の方々の多くは過去の功労者であるかも知れぬが、現今を議する資格を有するか自分は大に之をあやしむものである。

屢々《しばしば》言ふことであるが、政治界の元老は或点から言へば、失敗をせぬと言ふ、国民を迷はせないと言ふ点から安全といふことを或程度まで考へざるを得ざるの関係から必須のものたる観もあるが、科学界の元老のみは就中《なかんずく》研究てふ方面では元老は理想上禁物である、必須の勢だとは考へられない、寧《むし》ろ多くの場合に情実であり惰性である。自分は上の名前よりも其平均年齢に於いて十数歳より若き設立委員を望みたかつた。何にもこんなものは元気の乏しい帝国学士院の委員をして当らしむるに及ばない。彼等をして若い研究好きの学者を推薦せしむれば夫《そ》れで宜しい訳である。

ここにあがっている十七人の委員は、気象台長の中村精男をのぞき、あとは全員東京帝大の教授（田中舘は勇退直後）である。世代としては、幕末の生まれで外山正一、菊池大麓などの初期の大学管理者のあとを継いで、各専門の学科づくりに力をつくした人たちである。

学術研究会議は、何もしない帝国学士院とちがって、学界の最高機関として国際会議代表派遣や国際共同研究などの活動を行なったことが、科学史のうえで一応評価されているが、一戸は平均年齢が十数歳若い設立委員を望みたかった、というのである。十数歳若い世代とは、まさに一戸の世代である。そこに世代の断層がのぞいている。前者は明治アカデミズムの世代、後者は大正期に学界の中堅的実力者となった一八七〇年代生まれの大正の科学者の世代である。

その世代の実力派は、一戸の『現代之科学』の同人として名をつらねている。彼らの大部分が、東京帝大出身者ではあるが、東京帝大に職を奉じている人は少ない。最も目立つのは、東北帝大関係者で、数学の林鶴一《つるいち》、物理学の本多光太郎、愛知敬一、日下部四郎太、化学の真島利行《りこう》、地質学の矢部長克《ひさかつ》と多士済々、それに九州帝大物理学の桑木彧雄《あやお》、早稲田の建築の佐藤功一、京大動物の池田岩治、京大宇宙物理の新城新蔵、北里研究所の寄生虫部長の宮島幹之助など、日本の科学研究のリーダー格の中堅実力者がひしめいている。それにテクノクラートとして頭角をあらわしてきた東大工学部大河内正敏、佐野利器《としかた》も同人として名をつらねている。なお法科から二人、旧制二高以来の同窓で親交のあった吉野作造と、経営面の相談役として一戸の法律顧問三淵忠造が、同人になっている。

これらの同人のリストを一瞥すると、当時の官製アカデミズムのなかに行儀よくおさまりそうにない、個性のある、ひとくせありげな面々であることに気がつく。彼らは日本のアカデミズムの枠を破って国際的研究水準にいどもうとする研究至上主義者であり、科学者のくせにものを書きたがる文筆家であり、また科学技術を効率的に社会に役立たせようとするテクノクラートである。

明治アカデミズムの世代は、何か事をなす時は、政府機関を通じて行なった。明治期には、藩閥官僚の権力と密接にむすびついた特権的ブルジョアジーは、政府の保護と育成の下に成長したが、明治アカデミズムもおなじく政府の保護と育成によって生まれた同根のものである。ところが大正期にもなると、産業が発達してくるにつれて、こうした特権とは結びつかない、広汎な産業ブルジョアジーと都市の中間層も成長してきた。そして彼らは、ようやく独自の要求をもって、絶対主義的支配に抵抗しはじめ、それが普選要求となり、大正政変となり、大正デモクラシーとなる。一戸や大正の科学者の世代は、この新しい層に密着している。政府がこれまでやったものを、民間運動でやろう、官僚はもう型が決まって、創造のエネルギーはなくなった、と一戸は見た。

それに彼は「帝大の鋳型を脱した人物」（三宅雪嶺評）で、体質的に官僚の権威主義が大嫌いである。何もしないで権威だけを保っている官僚に我慢ができないのである。そこで、伝染病研究所の文部省移管に反対して野に下った北里柴三郎一派に同情、声援をおくる。私立大学の設立を認めることにした大正七年の「大学令」のために、かえって私立学校の独自性がゆらぐことをおそれ、早・慶・同志社は建学の精神を忘れるな、寺子屋とでも名を改めて実質主義を取れ、と私学に肩入れする。そして、大正七年十二月八日の現代之科学革新記念会に際して、鎌田栄吉慶応塾長・平沼淑郎《よしろう》早大学長の来駕《らいが》はあったが、中橋文部大臣は「官・私を区別する必要がある」という名目で招待をことわった、と憤慨する。

第一次大戦から、欧米では科学技術動員がはじまり、日本でも並行して新官僚・テクノクラートが登場し、理化学研究所設立などを実現させ、科学技術を国策に添うように計画組織し、あわせて科学技術者の地位の向上をはかる動きがはじまった。この動きのなかに、明治アカデミズムの旧世代の圧力に抗して、合理化・近代化と能率を追求する大正の科学者の世代交替のエネルギーが見られる。天文学という実用から遠い学問から出発しながらも、一戸はこの新世代の持った産業主義の論理を支持し、応用を軽蔑するアカデミズムの雰囲気を非難する。法科万能に対する理工科系出身者の機会均等をとなえ、ただ主張を叫ぶだけでなく、科学者のギルドをつくって団結して実力をつけようとうったえる。官庁技術者の法科系官僚に対する「水平運動」を支持しながらも、官立大学出は新しい進歩勢力に冷淡であることを批判し、むしろ官民を問わず技術家が団結してその社会的地位の向上を策することをすすめる。

一戸はかなり先走りしすぎた世代の前衛で、ためにその素志も、彗星のようにとつぜん光芒をひいて現われ、たちまちにして消えたはかない存在であったが、この世代の壁を回避して、新天地を求める道が別にあった。戦前の日本では、京都（明治三十年）や東北（明治四十年）、九州（明治四十三年）と新しい帝国大学がひと戦争おわるごとにできて、新しい世代の若手を吸収する。明治アカデミズムははじめは講座制の型にあわせて中身をつめていったが、研究水準が成長してくると、今度は型がじゃまになる。ところが、なかなかそれは破れない。しかし、新設の大学では東京帝国大学にない新しい試みがいろいろできる。新種の講座をつくったり、カリキュラムに選択制を入れたり、女子に門戸を開放したり、等々である。

なかでも、明治四十年創設の東北帝大には、大正期の科学者の若手世代が参加し、そこに研究第一主義の空気の支配する新鮮な学風をつくりあげた。その初期の研究水準が東京帝大のそれよりも高いことは誰しも否めないところである。

虚名の連帯

しかし、その「研究至上主義」というのにも問題がある。それは裏をかえせば、学生の教育にあまり精力をそそがない、ということである。世間では相変らず東京帝大が一番よいと信じている。世間では大学の象牙の塔のなかでどういう研究が行なわれているかはわからない。塔の高さを比較することはできないのだ。入学してくる学生も研究の最前線で誰が活躍しているか知らない。そこで大学を選ぶ場合、世間での虚名にしたがって選ぶことになる。そして最優秀の学生はやはり東京帝大に集まり、自分たちの東北帝大には来ない、そう東京帝大出身の教授連は信じ、自分の大学での後継者養成にあまり期待をかけず、自分の研究のみに専心する傾向が見られた、というのが、研究至上主義の実態の一部である。しかし、選別や教育の世界ではなくて、研究の面では、東京帝大が独占的な地位にあるのではなく、かなり早くから八ヶ岳状になってきたことは事実である。

それにしても東京帝大の人材選別における虚名はどこから来るのか。それは結局は法科大学→高等文官試験→高級官僚という近代日本の最大の出世コースから生じるものである。この出世コースの余光を受けて、理科系もふくめ、全帝国大学の栄光がある。

高文試験における成績と高級官僚としての能力のあいだにはかなり高い相関関係があるかもしれない。しかし、高文試験と研究における創造性との相関関係はほとんどないはずである。ところが、その相関関係が民間俗信として拡まっていて、帝国大学の研究面における権威も増す。この高文試験イメージとのドッキングは日本の学問にとって本当に幸いなことであったのだろうか。

かつて、帝国大学は二学部以上を包摂する総合大学であらねばならぬ、と主張されてきた。新設大学をつくろうとする動き、高等専門学校や私学が単科大学に昇格しようという動きがある時、既成帝国大学体制からそれを阻止するために持ち出された論拠である。

実は総合大学か単科大学かという論議は、大学史上、国際的にもあまり聞かない争点であるが、総合大学論者のモデルとするところはドイツの大学にあったのだろう。試験も卒業もないドイツの大学では、学生は勝手に学部にまたがって講義を聴講するから、総合大学である意味もあろうが、帝国大学は実は内部では分科大学が割拠する封建体制であり、学生は各学部・学科の規則やしきたりにしばられて、総合大学の利点を享受できない。

ただ帝国大学の総合性が主張されるのは、一流品は何でも揃えています、というデパート的権威の共同体の維持と、とくに各学部とも、法科出世コースとの虚名の連帯を失いたくなかったからだろう。

研究と教育の乖離の問題の特殊日本的な解決法は、大学に附置研究所を置くことであった。大正時代からはじまったこの方式は、講座制の枠にもとらえられず、さらに学部の枠にもとらえられず、今日いうところの学際的な分野を自由に開拓できるもので、制度としては他の先進諸国もうらやむ種類のぜいたくなものである。

ただ、この特殊日本的方式にも、明治アカデミズムの影がうつっている。日本では、高級官僚を生んだ帝国大学が一番えらい、アカデミーよりも議会よりもえらい、だから研究所も帝国大学に附置して、その権威を背にすべきである、という論理が、そこに働いているのである。大学附置研究所は、たとえ研究施設や予算の面では国立研究所や企業の中央研究所より劣っていても、その社会的地位はずっと高いが、その反面、学内の地位の上では、いまだに学部の下風に立つといわれる。

第六章　もしも帝大がなかったら——批判的展望

帝国大学時代の赤門

帝大批判の文脈

そもそも帝国大学は、歴史的には自由民権派に対抗する官僚養成所として成立したのであったから、民権派がそれを非常な警戒心をもって迎え、激しい批判をあびせたのは、当然のことであった。議会の内では民権派議員が帝国大学の予算の削減を迫り、外では民権派ジャーナリストが帝大批判の論陣をはる。官学批判はいつの時代にもあるものだが、明治のジャーナリストの論鋒の鋭さはとうてい今日の比ではない。たとえば、『国民之友』（明治二十三年六月三日）では、帝国大学は伊藤伯の子分養成所であり、初代総長渡辺洪基は伊藤体制のもとに秀才を集めるためのスカウトにすぎない、といいきっている。

学校関係者になると、直接の競争相手でもあるので、その受けとめ方はさらに深刻である。私立法律学校のうちかなり体制順応型のところでも帝国大学卒に高文試験免除の特権を与えられるのは脅威であり、官途就職試験における強力すぎる競争者である帝大出に官界を独占され君臨されることをおそれる空気は強かった。前述のように、帝大法科出に対する高文本試験免除の特権はすぐに廃止されるが、それでも「三大特権」は長く維持され、これが怨嗟《えんさ》形成の原点となった。

その成立からして伊藤・井上官僚路線と不倶戴天の関係にある、大隈重信、小野梓の東京専門学校－早稲田系は、もちろん私学の反帝大派の急先鋒にたつ。東京専門学校系の人たちは、相並んで私学の雄でありより古い歴史を持つ慶応義塾と、官製帝国大学をつねに意識していたが、その立場から三者の比較を試みている例があるので紹介しておこう。それはいわば、早稲田的見地からの帝国大学批判にもなっている。

――学生の精神を養成するうえに力を傾けるのは、早・慶・帝の順になる。それは学校が学生を束縛する寛厳の差にもとづく。（帝国大学のように）学生の定員を定めその出入を困難にする時は、学生のあいだに服従思想を生む。学生の勤怠を厳密にすると、学生が一定の課業にあくせくすることになる。試験を厳格にすると、学生をして器械的な勉強に陥らせる。服制を一定にすると、学生に磊落《らいらく》の気象を喪わさせる。しかし、学問的訓練の厳格さ、学科の難易の順は逆で、帝・慶・早の順になる……。(1)

ところで、帝国大学を官吏養成所にしたいという意図は、体制側もあからさまにしていたことであるが、問題はその点だけにあるのではない。現実には帝大は純粋な官吏養成所ではなく、法科に典型的に見られるように、国家の権威をうしろだてにして学問の世界でも権威としてふるまうばかりか、時とともに、慶応出の勢力圏であった実業界にも、さらには早稲田出が優位を占めていた言論界にも進出してゆく。そして、鶴見俊輔のいう「トップは必ず握手する」の公理にしたがって、他の介入を排除して官・学・産協同複合体をつくり、人民のうえに君臨する。それが怨嗟の的になる。

寺崎昌男は、帝国大学への批判を整理し、(1)官僚養成的性格に対する批判、(2)財政的見地からの批判、(3)学問の中央集中と停滞に対する批判、(4)学制（教育制度）上の独占的位置に

関する批判の四つに分類している。(2)

(1)については、第三、第四章で述べたので、すでに自明であろう。

(2)はとくに明治の議会で論じられた点で、自由党員は事あるごとに、帝国大学は冗員をたくさん養っている、それを整理して経費を節減せよ、と政府に迫っている。

(3)は、対抗馬を立て競争状態に置くほうが刺激があってよいという、学問発展の論理から来るものである。この点については、外部からだけでなく、官学内革新派や学生たちからも、批判の声があがっている。

卑近な例であるが、学問のうえからすれば、帝国大学の位置は旧民法下の長男の地位にもたとえられる。京都、東北、九州、北海道、大阪、名古屋などの帝国大学がつぎつぎと生まれてきても、この東京帝国大学の惣領的役目は変わらず、政府の諮問機関、西洋への学術の窓口といった役割は、ほとんど他の帝大に引きつがれることがなかった。このような惣領的役割から解放されている新興帝国大学は、研究面で自由に伸びようとするが、それもいつしか「長男の権威」にひきずられがちになる。

そうした傾向は、学問研究の面よりも、むしろ、教育制度の面でもっと露骨に現われる。東京（帝国）大学は、実社会と学問の世界での権威づけにものをいわせ、「一番のエリートが集まる学校」として、他の諸学校を圧する絶対的な偉力をふるいつづける。(4)は、このような跛《は》行《こう》的高等教育政策に対する批判を意味する。

幻のアメリカ国立大学

マーチン・トロウという「大学の社会学」を専門としているアメリカ人学者がいる。彼から最近次のような話を聞いたことがある。

アメリカの独立直後、一七八七年の合衆国憲法制定会議で医師ベンジャミン・ラッシュは連邦政府に対して国立大学をつくることを提案した。それは、アメリカ革命の精神を体して神学を廃し、アメリカの共和政体の維持に役立つ実用的技術を教える、諸大学のうえに君臨する大学院大学をつくろうという構想であった。

とくに大学問題を重視していた初代大統領のワシントンは、この構想をつよく支持した。その主な理由は、(1)国家的統一をもたらすため、(2)知的な若者がより高い文化や知識を求めて外国に流出するのを防ぐため（彼らは欧州の君主制になじんで共和制をきらうおそれがある）、(3)資金を一点に集中して経済的に効率のよい大学運営をするため、という点にあった。

しかし一般には、ラッシュのこの案は評判がよくなかった。何度上程しても議会で否決される。金がかかるエリート教育は民主主義的体質にはあわないという一般的な感覚があるうえに、とくに問題にされたのは、この国立大学の卒業生のみに連邦政府の官僚になる資格を与える、という条項だった。これにはハーバード、エールその他、独立以前から、つまりアメリカ合衆国が存在する以前からあった大学の学長連が賛成するはずはなかった。また地方分権を旨とする各州議会が黙っているはずもなかった。

幻におわったこの国立大学構想がもしも実現していたら、それはたしかにワシントン大統領の夢見たように国家的統一のきずなとなり、連邦政府の権力の強化に貢献したことだろう。一方、国立大学は連邦政府と直結し、学界、教育界に、そして全教育体系のうえに君臨したろう。そしてその支配影響下に隷属させられた他の諸大学も、カリキュラムや授業形態、教育理念のうえで国立大学に右へならえし、劃一化されたものとなったろう。そうなれば、アメリカの大学に特徴的な多様な制度的実験（それを経ての発展）はなかったろう。いろいろな大学のモデルを提出してその時代の要求に適合するかどうかを試みる適者生存のメカニズムは、はたらかなくなったろう……。

ここまで来れば、賢明な読者は私が何をいいたかったか察せられるだろう。アメリカ国立大学はついに成立しなかった。一方、日本はまさにこの国立大学（帝国大学）から出発した。もしもアメリカ国立大学ができていたら、という仮定から来る推論は帝国大学体制をつくった日本で現実化された。そして中央集中方式の大学制度は、かつて日本植民地であった朝鮮や台湾で、あるいは第三世界の多くの国で、近代化の一パターンとして採用された。そのばあい共通して見られるのは、官僚養成に発し、学制上特異な位置を占め、並はずれた予算を喰いながら、アカデミックな面では中央集中による無競争の結果、停滞をまねく、という構造である。帝国大学型の大学づくりには、学問輸入を効率的に行なえるという利点と裏腹に、近代化への道のあまりにも早い時期に唯一の官製モデルを設定することによって、他のさまざまな型の高等教育を発展させる可能性の芽を摘むという欠点をつねに内包している。

もしも帝国大学がなかったら――。そういう問は、もちろん厳密な学問的な問にはなりえない。帝国大学も時代の要請、少なくとも社会のあるセクターの要請によって歴史的必然性を持って登場したシステムである。しかも帝国大学の場合は官僚制度の一環、サブ・システムとして位置づけられているから、勝手に取りはずしができる装置ではない。自由にキャンセルできるものではない。

しかし、歴史の流れのうえで一人の人物の評価をする時、もしその人物が生まれていなかったらどうなったろう、と想像してみるキャンセレーション・エクスペリメントが、その人物の評価を浮き立たせる補助的手段になり得る。制度の場合にこの手法を拡張応用してみることも、無意味ではあるまい。

もし伊藤博文たちが法科にテコ入れして官僚養成機関に仕立てあげなかったら、あるいはまた学問の研究教育の場としての大学とは別に官僚養成学校をつくってくれていたら、帝国大学（ひいてはそのひそみにならおうとする諸大学）は、もう少し学問の論理にかなう組織になり得たのではないだろうか、という思いが湧きあがってくるのである。西洋の学問の輸入のパイプというならともかく、学問的な創造の場としては中央集中的構造よりも戦国時代的百家争鳴がよいにちがいない。しかし、明治政府が帝大を成立させた時の意図においては、また現代に至る日本社会での位置づけとしては、学問の論理は、下からの出世の論理、上からの人材選別の論理の前にかすんでしまう。

京都大学をはじめ、新設帝大がつくられて、学問の世界では新風を吹きこむということはあっても、受験生は出世の論理、世間は人材選別の論理によって、東京帝国大学に一段と熱いまなざしを向けつづける。設置形態がちがい、官僚制度の外にあってより自由に自らの路線を歩めるはずの慶応や早稲田などの私学も、この出世と選別の論理には抗しきれず、その理念を侵蝕される。

頭と権力の分離を

結局、帝国大学の最大のメリットないしデメリットは、権力・体制の側が試験によって選別された人材を吸収・独占することであるといえる。この機構は、明治の出発点にあっては、民権派にとってこそいやらしい強敵であったが、地方の郷党のレベルでは必ずしもそうではなかったろう。村の秀才が郷党の輿望《よぼう》を担って帝大に入り、高文に合格する。それはただ郷里の名誉だけでなく、郷党の中央権力への接近のパイプになる。具体的には、村の青年が帝大を出て出世した郷里の先輩を頼って上京し、書生になって住みこみ、就職の面倒まで見てもらう、というような仕組みである。こうした藩閥時代の縁故情実のルートは、実際には官僚制が近代化するにつれて細くなるのだが、幻想としてはかなり永続する。せっかく輿望を担って帝大を出たのに、官僚にならずに象牙の塔の学者になって郷党の失望をまねいた、という話が当時の科学者の伝記などに散見するが、それだけ秀才は郷党からのプレッシャーを感じていたわけである。

立身出世主義のさかんな明治時代には、帝国大学をパイプとして、頭のよいことを試験で立証した青年が権力に吸い寄せられることを、世間でもさほど怪しまなかった。つい先日まで世襲のバカ殿様に支配されていたのにくらべれば、今のように長州っぽ、薩摩っぽに支配されるのにくらべれば、頭のよい秀才官僚に支配されるほうがまだまし、と思えたからである。選ばれた秀才が権力を持てば、まさに鬼に金棒、郷党も世間も彼の前途を祝福するかに見えた。

しかし、本当に鬼に金棒を持たしてよいものだろうか？　頭のよいのがみんな権力の側に集中すると、人民を意のままに駆使するようになり、鬼に金棒どころか、うっかりすると気違いに刃物になりかねない。それが成熟した社会がテクノクラシーに対して持つ危惧である。

民主主義というのは、民のほうが官よりえらいことなんだから、民が官より頭がよくなくてはならない。だから知恵はできるだけ反権力・非権力の側にプールして、バランスを保つようにしなければならない。——そう考えるのが成熟した民主主義社会の知恵というものであある。頭のよい人材集団が権力を独占している国は、まだ本当の文明国とはいえないのではないか。

実像の縮小、虚像の拡大

立身出世の象徴である帝国大学は、発足の初期には卒業生にとってたしかに大きな実質的メリットがあった。藩閥政権の養子として育てられた法科官僚の前途は洋々、初任給だって庶民に対して月とすっぽんくらいの差をつけていた。しかし、この差は以後、減る一方の方向にある。

大正デモクラシーの時代になって、私立学校も大学と認められ（大正七年の「大学令」）、初任給の差も少なくなった。戦後になると、それさえも一様になり、実質上の特典はほとんど消滅に向かっている。もちろん今でも世間や雇傭先の評価に差があって、それが就職や組織内での出世やあるいは見合い結婚の際の条件としてものをいう。それにしても、目に見える形での優位の保証がまだあまり揺るがずにつづいているのは本来の牙城である官僚の世界ぐらいで、明治のころの立身小説などを読めば、誰しも今昔の感を持つことだろう。

それとは対照的に、虚像のほうはむしろ拡大してきた。帝国大学の成立とともに、それが最高の出世コースとして確立したといえるが、そのほかに高等師範系や、陸軍士官学校、海軍兵学校から陸軍大学校、海軍大学校へ通じる軍人のコースがあり、それぞれ教育界や軍のヒエラルキーを支配し、その社会では帝大卒は傍系的地位に置かれた。旧制高校のほかに専門学校があってその出身者はそれぞれの特殊な専門職業を支配した。帝国大学も東京以外にいくつかでき、それらの予備校たる旧制高等学校が拡散体となっていたので、東京帝国大学のみがひとりそそり立つ尖塔のようには見えなかった。ところが、戦後これらの複線コースが整理され、新制高校から大学へという単線コースになったために、大学間の格差が見事な序列をなしてつくられて、東京大学がその唯一絶対のピラミッドの頂点のような虚像を受験生やその親たちに与えることになった。いわば戦前では人生コースに昇るべき大小さまざまの山が見えていたのに、戦後は昔の中国の科挙のように、士大夫たるものの昇るべき山はただ一つ、それ以外の人生はないようにさえ思われるようになってきた。

この実像と虚像の差は、収斂《しゅうれん》する方向にあるようには見えない。今後ともますます拡大することだろう。そしていつかはブレーキング・ポイントが来る。それほど遠くない将来に。一生を賭ける事業として、人生に対する感受性がいちばん豊かであるべき時期を犠牲にして受験に精神をすりへらす。その成功者も、後に実質的なメリットはそれほどないことを知らされてむなしくなる。一方、成功しなかった人は、挫折経験を持って一生をすごす。しかもその挫折感が実質的なものであるというよりも、むしろ東大出に対する世間の虚像にもとづくものだから、ますますむなしくなる。

帝国大学、そして現在の東京大学の実体はそんなものである。だから実像の生身の東京大学が消滅しても、とくに実益も実害も大きくはない。しかし、東大をつぶしたとしても、東大をピラミッドの頂点とする東大受験体制が、どこかにまた新しい虚像の頂点を求めて再構成されるとすれば、依然としてむなしさは継承される。

官庁エリートを頂点とするピラミッド的社会は、現実にはすでに過去のものとなりつつある。成熟した社会では、各自が自らの存在証明を求める。高級官僚のポストはいつの社会でもかぎられるから、各自がそれぞれに満足感を持てるようになるためには、無数の専門化した小社会をつくり、そのなかで一人一人が一国一城の主となる（あるいは少なくとも自分の仕事に誇りと満足を持てるようになる）ほかない。このようにして、現実の社会は、複雑化、多様化して、兵隊の位で上から下まで貫けるような序列はもうつくれなくなってきている。それが実情である。

ところが、受験の世界にだけ、現実の社会ではすでにその魔力を失いつつある過去の序列が、いまだに確固として存在するという虚像が拡大再生産され、その虚像に何百万という若者が支配されているのは、何とも奇妙な風景であり、またむなしい思いがする。

参考文献

第一章　帝国大学の出自

(1)『東京帝国大学五十年史』上（一九三二）一一六頁
(2)『東京大学医学部百年史』（一九六七）一三―一五頁
(3)『太政類典』第一編 学制一、四十八（国立公文書館蔵）
(4)橋南漁郎『大学学生溯源』（一九一〇）六―九頁
(5)『東京外国語学校沿革』（一九三二）
(6)国立教育研究所編『日本近代教育百年史』3（一九七四）七三八頁
(7)『慶応義塾大学六十年史』（一九一七）
(8)杉本勲編『科学史』（山川出版社　一九六七）三五二頁以下
(9)『明治前期書目集成』第六分冊（明治文献　一九七三）
(10)石橋絢彦の回想（『旧工部大学校史料附録』一九三一）
(11)麻生誠『大学と人材養成』（中公新書　一九七〇）五―九頁
(12)中村清二『田中館愛橘先生』（中央公論社　一九四三）二二―二九頁
(13)山本泰次郎『内村鑑三』（東海大学出版会　一九六六）
(14)トク・ベルツ編『ベルツの日記』第一部 上（菅沼竜太郎訳、岩波文庫　一九五一）四六頁。寺崎昌男「帝国大学形成期の大学観」（『野間教育研究所紀要』第27集、一九七二）一八七頁
(15)『東京帝国大学五十年史』上、四三一―四三三頁
(16)同右、四八五―四八六頁。唐沢富太郎『貢進生』（ぎょうせい　一九七四）参照。
(17)『長期経済統計』第七冊 財政支出（東洋経済新報社　一九六六）一九六頁

(18)『日本科学技術史大系』医学1（第一法規出版　一九六五）八〇頁
(19)『長期経済統計』第三冊　資本ストック（東洋経済新報社　一九六六）八頁
(20)『文部省第一年報』一四六頁
(21)『東京帝国大学五十年史』上、九三一―九三二頁
(22)「帝国大学令制定に関する木場貞長氏の追憶談」（『森有礼全集』第二巻、宣文堂書店　一九七二）四八二頁
(23)『東京帝国大学五十年史』上、一〇八二―一〇八三頁
(24)『第一高等学校六十年史』（一九三九）一三二頁
(25)『東洋学芸雑誌』九〇号、一三一頁以下
(26)『東洋学芸雑誌』五八号、六二二―六二三頁
(27)犬丸一郎『帝国ホテル』（毎日新聞社　一九六八）
(28)外山正一『教育制度論』（冨山房　一九〇〇）。寺崎前掲論文（14）二三九頁に引用。

第二章　帝国大学のモデル

(1)ラシュドール『大学の起源』（横尾壮英訳、東洋館出版社　一九六六）参照。
(2)潮木守一『近代大学の形成と変容』（東京大学出版会　一九七三）一八一頁以下。『日本科学技術史大系』国際（第一法規出版　一九六八）六〇頁
(3)詳しくは、中山茂『歴史としての学問』（中央公論社　一九七四）第五章参照。
(4)『東京帝国大学五十年史』上（一九三二）六〇―六七頁
(5)大久保利謙『日本の大学』（創元社　一九四三）二三四頁
(6)寺崎昌男「日本の大学における欧米モデルの選択過程」（『大学史研究通信』第八号、一九七四）二〇―

二二頁
(7)『東京帝国大学学術大観』総説・文学部（一九四二）一八三頁
(8)『日本科学技術史大系』国際（第一法規出版　一九六八）三六頁
(9) 梧陰文庫A・三九三（国学院大学所蔵）
(10) 天野郁夫「日本の高等教育発展過程における『モデル』問題」（『大学史研究通信』第八号、一九七四）
(11)『日本科学技術史大系』医学1（第一法規出版　一九六五）一三二―一三九頁
(12)「東京開成学校年報」（『文部省第二年報』）三九五頁以下
(13)『東京帝国大学五十年史』上、六四六頁
(14)「大木喬任関係文書目録」二五－一　学制案
(15) 三ケ月章「司法制度の現状とその改革」（『岩波講座　現代法』5、岩波書店　一九六五）
(16) 三宅雪嶺『大学今昔譚』（一九四六）一二三頁
(17)『東京大学文学部社会学科沿革』（一九五四）七―九頁
(18)『専門学会雑誌』第一〇号（一八八九）三五頁
(19)『明治文化資料叢書』第八巻　教育篇（風間書房　一九六一）二三三頁以下
(20) シュライエルマッハー『大学論』（世界教育学選集17、梅根悟・梅根栄一訳、明治図書出版　一九六一）にもそのことが指摘されている。
(21) 別府昭郎「十九世紀ドイツ大学哲学部における研究教育体制の変容」（『歴史評論』一九七五年五月号）
(22) 長岡半太郎『日独文化講演集』II集（一九二八）一―二五頁
(23) ヘルムホルツ『大学の自由』（三好助三郎訳注、大学書林　一九五八）
(24) 横尾壮英「ベルリン大学の講座と教師数の変遷」（『日本科学技術史大系』国際、第一法規出版　一九六八）所収

(25) ヨセフ・ベン－デーヴィッド『科学の社会学』(潮木守一・天野郁夫訳、至誠堂　一九七四) 第七章

(26) 『京都大学七十年史』(一九六七) 一五頁

第三章　官庁エリートの供給源

(1) 『東京大学一覧』(一八八四)。国立教育研究所編『日本近代教育百年史』3 (一九七四) 一二二八頁

(2) 「大隈文書」A四二二八

(3) 『旧工部大学校史料』(一九三一) 一五八頁

(4) 同右、一八〇頁

(5) 第六回卒業生の吉本亀三郎の回想 (『旧工部大学校史料附録』一九三一)

(6) 大島太郎「官僚制」(『岩波講座　日本歴史』近代4、岩波書店　一九六二) 二〇頁

(7) 別府昭郎「ミュンヘン大学における国家経済学部の形成過程」(『明治大学人文科学研究所紀要』第一五冊、一九七六)

(8) 上山安敏『憲法社会史』(日本評論社　一九七七) 一五九・一六五頁

(9) 寺崎昌男「帝国大学法科大学の一断面」(『大学史研究通信』第四号、一九七一)

(10) 利谷信義「日本資本主義と法学エリート(二)」(『思想』一九六五年十月号) 一〇八頁

(11) 『東京帝国大学五十年史』上 (一九三二) 五九六・六〇二頁

(12) 『専門学会雑誌』第一〇号 (一八八九) 三三—三五頁

(13) 『日本科学技術史大系』土木技術 (第一法規出版　一九七〇) 一七頁

(14) 馨光会編『都筑馨六伝』(一九二六) 九一—九三頁

第四章　出身と出世

(1)『東京帝国大学学術大観』法学部・経済学部（一九四二）七頁
(2) 野崎左文「明治十四年の大学卒業生」（『明治文化研究』四の12、一九二八）
(3) 天野郁夫「近代日本における高等教育と社会移動」（『教育社会学研究』第二四集、一九六九）
(4) 中村清二『田中舘愛橘先生』（中央公論社　一九四三）
(5) 中山茂『歴史としての学問』（中央公論社　一九七四）第三章
(6) Robert John Montgomery, *Examinations* (1965) p. 17.
(7)『明治以降教育制度発達史』第二巻（一九三八）三八七頁
(8) 文部省編『わが国の高等教育』（一九六四）中の付表による。
(9) 増田幸一・徳山正人・斎藤寛治郎『入学試験制度史研究』（東洋館出版社　一九六一）八〇頁以下
(10) 和田善一「文官銓衡制度の変遷(1)」（『試験研究』第一一号、一九五五）
(11) Robert Mark Spaulding, *Imperial Japan's higher civil service examinations* (1967) p. 56 ff.
(12) 秦郁彦「東大卒官僚の成績と出世」（『正論』一九七七年五月号）一三八―一四〇頁
(13) Spaulding, *Ibid*. p. 131-132, p. 239.
(14) 寺崎昌男「大学生活について帝大生たちが後輩に与えた手紙(2)」（『大学史研究通信』第一〇号、一九七六）四〇―四一頁
(15) Montgomery, *Ibid*. p. 30.
(16) 舘昭「日本における高等技術教育の形成――工部大学校の成立と展開」（『教育学研究』第四三巻第一号、一九七六）二〇―二一頁
(17)『森有礼全集』第一巻（宣文堂書店　一九七二）六六五―六六六頁
(18) 山崎俊雄『技術史』（東洋経済新報社　一九六一）三五―三六頁
(19) 高根正昭『日本の政治エリート』（中公新書　一九七六）一六八―一七二頁

(20)『工談雑誌』第四号（一八八九）四四頁
(21)『工談雑誌』第一五号（一八九〇）二頁
(22) 寺崎昌男「帝国大学法科大学の一断面」（『大学史研究通信』第四号、一九七一）三八—四〇頁
(23)『東京帝国大学五十年史』上（一九三二）一〇二六—一〇二七頁
(24)『中央学術雑誌』（一八八五年七月）一三頁
(25) 文部省編『わが国の高等教育』三〇三頁

第五章　明治アカデミズムの体質

(1) 杉本勲編『科学史』（山川出版社　一九六七）三八七頁
(2) 森有礼「文部省において直轄学校長に対する演説（明治二十二年一月二十八日）」（『森有礼全集』第一巻、宣文堂書店　一九七二）六六三頁
(3) 中山茂「近代科学の大学に対するインパクト（Ⅲ）——ベルリン大学創設をめぐって」（『大学論集』第三集、一九七五）七六頁
(4) Friedrich Paulsen, *German Universities and University Study* (1906)
(5) 天野郁夫「日本のアカデミック・プロフェッション——帝国大学における教授集団の形成と講座制」（『大学研究ノート』第三〇号、一九七七）
(6) 学位令については、寺崎昌男編「大学院・学位制度に関する資料集」（『大学研究ノート』第一九号、一九七五）参照。
(7) 古屋野素材「東京大学大学院に関する統計資料（1）」（『東京大学史紀要』第一号、一九七八）
(8) 寺崎昌男「『講座制』の歴史的研究序説」（『大学論集』第一集、一九七三）
(9) 海後宗臣編『井上毅の教育政策』（東京大学出版会　一九六八）三七〇—三七二頁

(10) 井上毅「帝国大学ニ講座制設置ニ関スル閣議請議案」(『明治文化資料叢書』第八巻、風間書房　一九六一) 二一〇頁
(11) 現在、梧陰文庫 (国学院大学所蔵) に収められている。
(12) ヨセフ・ベン－デーヴィッド『科学の社会学』(潮木守一・天野郁夫訳、至誠堂　一九七四)
(13) 加藤弘之「経歴談」(『日本の名著』西周・加藤弘之、中央公論社　一九七二) 四九〇頁。原文は一八九六年発表。
(14) 寺崎昌男「帝国大学形成期の大学観」(『野間教育研究所紀要』第27集、一九七二)
(15) 吉野作造「民本主義鼓吹時代の回顧」(『日本の名著』吉野作造、中央公論社　一九七二) 二一四頁。原文は一九三三年発表。
(16) 中山茂「反アカデミズムの彗星・一戸直蔵」(『思想の科学』一九七四年五月号) 六五頁以下。「寺田寅彦論」(『中央評論』一九六九年九月号) 一五〇頁以下

第六章　もしも帝大がなかったら

(1) 「東京専門学校と慶応義塾及び帝国大学 (下)」(『中央学術雑誌』第二巻第三号、社説、一八九三) 一一二頁
(2) 寺崎昌男「帝国大学形成期の大学観」(『野間教育研究所紀要』第27集、一九七二)

＊

以上の引用文献のほかに、年表としては寺崎昌男・二見剛史「高等教育史年表」(『嗚呼玉杯に花うけて──第一高等学校八十年史』一九七二　講談社) が役に立った。

また写真集として最新のものに、『東京大学の百年　一八七七─一九七七』(東京大学出版会　一九七七) が

ある。

〔使用写真出典〕第一、二、四、六章扉『東京帝国大学五十年史』／第三章扉『旧工部大学校史料』／第五章扉『東京帝国大学一覧　自明治四十一年至明治四十二年』／30〜31頁、163頁『東京帝国大学　一九〇四』／112頁『卒業記念帖』（大正九年）

あとがき

今日、科学は大学で教えられ、継承される。科学史家の私は、科学の住処《すみか》であり、伝播《でんぱ》普及者である大学に当然注目する。だが、大学史はまだ学界で十分陽のあたっていない分野である。そこで、大学史を研究することによって、従来の科学史を書きなおすことができるのではないか。そういった野心を私は若いころに持った。

そして私は、一九五五年からハーバード大学の科学史・学術史（History of Science and Learning）のプログラムに加わった。学術史とは実質的には大学史のことで、だからこのプログラムは科学史の背景としての大学史と私は理解していた。そしてそのころ「西洋大学の歴史と現状」という題で講じていたユーリッヒ Ulich について、大学史を修めることになった。同氏はかつてドイツのある州の文相で、ナチスに追われてアメリカにわたり、ハーバードの教授になった人物である。その大学史は私の考えていた大学史とはちがうものだったが、ドイツ大学の雰囲気を感じとることはできた。そしてそれよりも、私自身にはアメリカの大学院の制度が強烈な自己体験として身に沁みたのである。

一九五九年に帰国してから、大学史の研究仲間を探した。当時すでに大学史について業績のある大家には西洋史出身の島田雄次郎、教育学出身の皇《すめらぎ》至道の両氏がおられたが、島田氏は間もなく亡くなられ、私は皇門下の横尾壮英《たけひで》氏と語らって、研究グループをつくった。

そのうちこの研究グループに寺崎昌男氏を引きこみ、氏や皆川卓三氏を中心として『大学史研究通信』（評論社）なるタイプ印刷の不定期刊雑誌を発行して、現在十号にいたっている。この大学史研究会の常連は、やはり教育学出身者が多いが、それだけではどうしても十分ではない。科学史の仲間の故広重徹《てつ》、板倉聖宣《きよのぶ》、中川米造氏など、また法学から上山《うえやま》安敏氏など、専攻を異にする人たちを糾合したことが、この研究会の議論を実りゆたかなものにしたと思う。現在、若手もぼつぼつ育ちつつある。小なりといえども、こうした大学史の研究会は、欧米でもまだ例を見ないものではないか、と自負している。この小著にも、この研究会の成果が多く引用されている。

私自身は、科学史を表芸、大学史を裏芸と称しながらも、今まで大学史プロパーの著書はなく（横尾氏と共編の『大学に関する欧文文献総合目録』〔啓学出版、一九七〇〕はあるが）、論文も少ない。今回取り組んだ『帝国大学の誕生』は、日本の大学史上、避けて通ることのできない最大のモメントだとかねがね思っていたので、古くは大久保利謙《としあき》氏、最近では寺崎昌男、天野郁夫氏などの先行研究があるが、それに私の科学史の素養を加えようと試みた。科学史を大学史によって、大学史を科学史によって書きかえようという素志はまだ失っていないつもりである。

しかし、帝国大学を扱ううえでは、私の苦手な法科の問題が最大のポイントであることは自明である。そこで悪戦苦闘する破目になったわけだが、大学史ないし科学史の一般的背景を描くことによって、法科中心の帝大の持つ特異性を浮き上らせることができたならば幸せである、と私自身は自らを慰めている。

今年は東京大学百年祭の年であるが、この小著はそれとは直接の関係を持っていない。私が重要だとして注目するのは、明治十年の東京大学発足よりも、明治十九年の帝国大学誕生である。ただ、この小著ではとうてい果たし得ない正確な資料による跡づけは、現在計画中の『東京大学百年史』に現われるものと期待されるので、細密な事実記載から解放されて、勝手な私見を述べさせてもらえたのはありがたかった。

いろいろな方に意見を聞いてまわったり、資料を拝借したりしたが、ここではお名前をあげるのを失礼させてもらうことにした。最後に、執筆の推進役をつとめていただいた中公新書編集部加納信雄氏と、最終段階で原稿の整理や図表の作成に協力していただいた舘昭氏に感謝する。

一九七七年十一月

中山　茂

解説　科学史／大学史を超えた「学問の歴史」

石井洋二郎

帝国大学と「国家貴族」

東京開成学校と東京医学校を母胎として明治十年（一八七七年）に創設された東京大学は、初代文部大臣の森有礼によって帝国大学令が制定された明治十九年（一八八六年）から、京都に帝国大学が誕生したことにともなって「東京帝国大学」と改称される明治三十年（一八九七年）まで、十年以上にわたってわが国唯一の「帝国大学」として明治期の官界・学術界を牽引した。『帝国大学の誕生――国際比較の中での東大』（中公新書、一九七八年）を原本とする本書は、この限られた期間にスポットを当て、当時の政治的・文化的背景を豊富な資料を用いて丹念に跡付けた書物である。

日本が国家としての骨格を形成するにあたって、帝国大学が果たした役割の大きさは疑う余地がないが、本書ではその全容が実証的な手続きによってつぶさに解明されている。著者の言葉を借りれば「東京（帝国）大学が固有名詞の帝国大学であった時代こそ、この大学の官界における独占的権威と日本アカデミズムの原型が形成された時期」であった（一三三頁）。なぜなら「東京大学」から「帝国大学」への移行は、単なる制度上の名称変更にとどまらず、日本の政治的・経済的・社会的近代化のプロセスにおいて大きな転機をしるしづけるできごとだったからである。

じっさい、教育社会学者の竹内洋《よう》も書いている通り、「東京大学と帝国大学には高等教育機関の位置づけにおいて平民と貴族ほどのちがいがあった」。「東京大学時代は高等教育の乱立時代あるいは、高等教育の八ケ岳時代だった」が、明治十九年以降はこれを頂点とする富士山型のヒエラルキーが制度化され、帝国大学は「国家貴族（高級官吏）のための特権大学となった」のである（『学歴貴族の栄光と挫折』中央公論新社、一九九九年／講談社学術文庫、二〇一一年）。

ここで竹内が用いている「国家貴族」という言葉は社会学者ピエール・ブルデューの用語で、グランドゼコールと呼ばれるエリート養成機関を場として生産・再生産されるフランスの高級官僚集団を指すが、これをタイトルとする著作が刊行されたのは一九八九年、邦訳が出たのは二〇一二年であったから、もちろん中山茂が執筆当時にこの概念を知っていたはずはない。しかし一読すればわかるように、本書の内容はまさに近代日本における国家貴族の養成システムをめぐる分析である。

国際比較の視点

ところで「帝国」という言葉を聞くと、私などはどうしても「帝国主義」という概念を思い浮かべてしまう。じっさい明治維新後の日本が、西欧諸国による植民地化をまぬがれたばかりか、富国強兵政策によって短期間のうちに列強の一角を占めるに至り、アジアにおける帝国主義的植民地化を推し進めたプロセスは、世界でも類例を見ない事象として歴史家たちの関心の的となってきた。明治憲法に冠された「大日本帝国」という言葉には、まさにそうしたイメージが凝縮されている。

けれども本書の第一章で解説されている通り、帝国大学令が制定されたのは大日本帝国憲法の発布よりも三年前のことであって、当時はまだ「帝国」という単語は一般に流布していなかった。だから発足当時の「帝国大学」という呼称には、領土拡張主義的なニュアンスよりもむしろ「これこそが日本における唯一無二の大学だ、という点を強調する趣き」があり、「西洋なみのインペリアル大学」の存在を対外的にアピールする効果が期待されていたという指摘は、きわめて妥当であるように思われる（三七―三八頁）。

本書の原本には「国際比較の中での東大」というサブタイトルが付けられていたが、その言葉の通り、第二章以降ではドイツを始めとして、イギリスやフランスなど、西欧諸国との比較や影響関係についての記述が充実しており、その意味では比較教育史としても読むことができる。明治初期には米英独仏の四ヵ国から一人ずつ外国人教師を招聘し、各国の長所をバランスよく採り入れるというのが文部省の方針であったにもかかわらず、結果的には教授用語学が英語に限定され、東京大学ではドイツ語系の医学部にたいして法・文・理の三学部が英米系のカレッジをモデルとして形成されたこと（五九―六二頁）、しかし明治十四年（一八八一年）の大学職制改正を境に、これら三学部ではドイツ語への傾斜が見られるようになり、法学部以外ではフランス語が駆逐されるに至ったこと（六四―六五頁）など、語学教育ひとつをとってみても欧米との関係が複雑に反映していることがうかがえて、たいへん興味深い。英語一辺倒の傾向がますます顕著になりつつある現代の大学教育を考える上でも、こうした歴史的経緯を踏まえておくことは重要だろう。

国策大学から国立大学へ

さて、本書を通読してあらためて確認されるのは、帝国大学が良くも悪くも明治国家の近代化政策を担う「国策大学」にほかならなかったという、当然といえば当然の事実である。第五章には東京帝国大学と改称された後に総長に就任した二人の名前が出てくるが（菊池大《だい》麓《ろく》と山川健次郎）、いずれも学問的業績には見るべきものがないにもかかわらず要職についた例として挙げられているのであり、当時の東大が「研究よりも官製アカデミズムの責任者として講座固めや学会の制度づくりに精力をそそいだ」人物によって担われていたことがわかる（一六九頁）。

彼らの後を継いだ歴代総長には一流の研究者が多いが、それでも戦前・戦中には軍部の圧力に屈服して天皇礼賛・国威発揚的な言説を公に口にしてきた例には事欠かない。戦艦長門や陸奥の設計で知られる造船学者で第十三代総長の平賀譲《ゆずる》（在任一九三八―四三年）しかり、安田講堂の設計者として知られる建築学者で第十四代総長の内田祥三《よしかず》（在任一九四三―四五年）しかり。当時の入学式や卒業式での総長式辞を読んでみると、学生たちを鼓舞して戦地に駆り立てるような言辞にあふれていて、帝国大学の伝統を忠実に継承して国策の喧伝普及に加担していた（あるいは加担せざるをえなかった）状況が如実にうかがえる。

戦後は大日本帝国憲法に代わって日本国憲法が発布され、東京帝国大学という名称からも「帝国」の二文字が消えてふたたび「東京大学」となった。これにともない、南原繁総長や矢内原忠雄総長によって民主化路線が確立され、東京大学は国策大学から本来の意味での「国立大学」へと転換していく。

しかし戦後八十年近くの歳月を経た現在、東大生の官僚志向が減退していることがマスコミでもしばしば話題になっている。このままでは国家の中枢を支える有能な人材が確保できないのではないかと危惧する声も、いろいろなところで聞かれるようになった。善し悪しは別として、明治期の帝国大学が果たしていた役割の大きさを思えば、隔世の感があると言わざるをえない。

もちろん、特定の機関が国家貴族の養成を独占する中央集権的な教育制度が望ましいわけではないし、厳しい試験を経て選抜されたとはいえ、一部の人間を過度に特権化することにも当然ながら大きな弊害が伴う。けれども貴族には貴族にふさわしい使命感が求められるという「ノブレス・オブリージュ」の精神をそなえたエリートを育成することは、やはり社会全体にとって必要不可欠なことではなかろうか。国家の骨格を形成し維持していく教育システムが機能不全に陥ってしまえば、日本は慢性的な骨粗鬆症《こつそしょうしょう》に陥り、やがて立ち続けていられなくなってしまうのではないかという不安は拭えない。

昨今は国立大学周辺でもガバナンスの在り方をめぐる厄介な事案が相次いでおり、政権による大学自治への介入や学術界への有形・無形の圧力が強まっている。こうした状況を前にして、民主主義の健全な脈動を保ち続けるために、大学はいま何をなすべきなのか。既得権益や特権的地位に胡坐《あぐら》をかいて立身出世に浮き身をやつす人間ではなく、選ばれた者としての義務を自覚し、凜然として国家を牽引することのできる本来の意味でのエリートを養成するために、大学教育は今後どのような姿を目指すべきなのか。そうしたことを考え直すためにも、本書はさまざまな手がかりを与えてくれるであろう。

著者について

著者は亡くなる前の年に『一科学史家の自伝』（作品社、二〇一三年）という分厚い書物を出版しており、生涯の詳しい経歴はそこで余すところなく語られているので、ここでは彼自身の記述を適宜参照しながら、大まかな概要のみ記すにとどめておく。

一九二八年に兵庫県に生まれた中山茂は、地元の小学校から大阪の北野中学に入学するが、二年次に両親の郷里である広島の一中に転校した。そして旧制広島高等学校に進学後、十七歳のときに当地で被爆する。一九四八年に東京大学理学部天文学科に入学、卒業後は数年間出版社（平凡社）に勤めたのち、一九五五年にハーヴァード大学の大学院に留学した。五七年にはイギリスのケンブリッジ大学にも留学し、ヨーロッパ各地を旅行している。

一九五八年に帰国してからは出版社を退職し、京都大学人文科学研究所に半年ばかり籍を置くが、英語での博士論文執筆のため同年秋にはハーヴァードに戻り、一九五九年夏に日本の天文学史をテーマとした *A History of Japanese Astronomy: Chinese Background and Western Impact* を完成させて学位を取得した。

その後、中山は東京大学の教養学部に職を得て、地学教室（のちの宇宙地球科学教室）に講師として着任する。同学部には科学史・科学哲学教室もあって、本人の専門分野からすれば明らかにこちらのほうが適任であったが、当初の口約束では遠からず科学史の担当になるはずと言われていたので、この言葉を信じて不本意な配属を受け入れたようだ。

ところが一年以上が経過しても、所属教室が変更される様子はまったくない。それどころか、やがて複数の関係者から、そもそもこの採用人事は一時的な措置であったのだから職を辞すようにと、執拗に迫られるようになったという。自伝にはそのあたりの経緯が実名入りでなましく語られており、事実であるとすれば眉をひそめずにはいられないようなエピソードも含まれているが、一方的な情報だけで真偽を判断することはできないし、関係者の大半はすでに故人なので、実際のところはもはや知る由もない。しかしいずれにしても、著者が人事をめぐる不明朗な学内政治の犠牲になったことは間違いないようだ。

けっきょく中山茂は科学史・科学哲学教室から忌避されてずっと講師身分のまま据え置かれ、定年退官一年前の一九八八年、慣例に従ってようやく助教授に昇進した。そして東大を退いた後は神奈川大学の教授を務め、二〇〇〇年に退職している。

本書の意義

中山茂が残した著書・論文は多く、講談社学術文庫に限ってみても、『歴史としての学問』(中公叢書、一九七四年)の改題増訂版が『パラダイムと科学革命の歴史』(二〇一三年)というタイトルで、また『日本人の科学観』(創元新書、一九七七年)に『幕末の洋学』(ミネルヴァ書房、一九八四年)を合わせた改題増訂版が『近世日本の科学思想』(一九九三年)というタイトルで収録されているほか、『天の科学史』(朝日選書、一九八四年)の改訂版が二〇一一年に、『西洋占星術――科学と魔術のあいだ』(講談社現代新書、一九九二年)が二〇一九年に(『西洋占星術史』と改題)、それぞれ文庫化されている。また、共編著の『「通史」日本の科学技術』五巻(第五巻は二分冊)＋別巻一巻(学陽書房、一九九五―九九年)

は、九五年の毎日出版文化賞特別賞を受賞した。

このほか、英文による単著や共編著も数多く、一九六九年には前述の博士学位論文がハーヴァード大学出版局から刊行されている。また、アメリカ留学時代に知遇を得たトマス・クーンの『科学革命の構造』を翻訳し（みすず書房、一九七一年）、パラダイム論を日本に紹介したことでも知られる。二〇一四年に著者が没した後は、全十五巻の予定で「中山茂著作集」（編集工房　球）の刊行が始まっており、二〇二三年現在で四冊が出版されていることも付記しておく。

こうしてみると、卓越した科学史研究者である著者の膨大な業績の中でも、大学の歴史をテーマとした本書はやや毛色の異なる一冊であるような印象を受けるが、本人も「あとがき」で書いているように、彼は若いころから「大学史を研究することによって、従来の科学史を書きなおす」という野心を抱き、アメリカ滞在時代にはハーヴァード大学の「科学史・学術史プログラム」に参加していたし、帰国後は研究グループを組織して関連分野の学者たちと地道な活動を継続していた。科学史は表芸、大学史は裏芸と自ら称しているが、両者は文字通りに「表裏一体」をなしていたものと思われる。その意味で、本書は著者にとってけっして専門外の手すさびといったようなものではなく、それ自体がより大きな「学問の歴史」の欠かせない一部をなす仕事であったと考えるべきだろう。「科学史を大学史によって、大学史を科学史によって書きかえようという素志はまだ失っていない」という言葉からも、彼の構想がいわゆる科学史という分野の枠を超えて、人文社会科学も含めた学問の全体像を把握しようとするスケールの大きいものであったことがうかがえる。

本書の執筆時期はまさに著者が不遇をかこっていた期間と重なっていて、かつての帝国大学である東京大学に対しては複雑な思いを抱えながらの作業であったと想像されるが、明晰な文章はあくまでも冷静かつ客観的であり、大学史研究に貴重な貢献をもたらす業績であることは疑いがない。随所に挿入されている図表等の資料も適切で、大いに参考になる。文庫版としての刊行を機に、さらに多くの読者に読まれることを期待したい。

（東京大学名誉教授）

KODANSHA

本書の原本『帝国大学の誕生——国際比較の中での東大』は、一九七八年に中公新書から刊行されました。学術文庫化に際し、一九八一年の第三版を底本としました。

中山　茂（なかやま　しげる）
1928-2014年。兵庫県生まれ。科学史家。東京大学助教授を経て，神奈川大学名誉教授。著書に『パラダイムと科学革命の歴史』『近世日本の科学思想』『天の科学史』『西洋占星術史』『科学技術の戦後史』『一科学史家の自伝』など，訳書にトーマス・クーン『科学革命の構造』などがある。

講談社学術文庫

定価はカバーに表示してあります。

帝国大学《ていこくだいがく》の誕生《たんじょう》

中山《なかやま》　茂《しげる》

2024年３月12日　第１刷発行

発行者　森田浩章
発行所　株式会社講談社
東京都文京区音羽2-12-21 〒112-8001
電話　編集（03）5395-3512
販売（03）5395-5817
業務（03）5395-3615
装　幀　蟹江征治
印　刷　株式会社広済堂ネクスト
製　本　株式会社国宝社
本文データ制作　講談社デジタル製作

ISBN978-4-06-535031-7

「講談社学術文庫」の刊行に当たって

これは、学術をポケットに入れることをモットーとして生まれた文庫である。学術は少年の心を養い、成年の心を満たす。その学術がポケットにはいる形で、万人のものになることは、生涯教育をうたう現代の理想である。

こうした考え方は、学術を巨大な城のように見る世間の常識に反するかもしれない。また、一部の人たちからは、学術の権威をおとすものと非難されるかもしれない。しかし、それはいずれも学術の新しい在り方を解しないものといわざるをえない。

学術は、まず魔術への挑戦から始まった。やがて、いわゆる常識をつぎつぎに改めていった。学術の権威は、幾百年、幾千年にわたる、苦しい戦いの成果である。こうしてきずきあげられた城が、一見して近づきがたいものにうつるのは、そのためである。しかし、学術の権威を、その形の上だけで判断してはならない。その生成のあとをかえりみれば、その根は常に人々の生活の中にあった。学術が大きな力たりうるのはそのためであって、生活をはなれた学術は、どこにもない。

開かれた社会といわれる現代にとって、これはまったく自明である。生活と学術との間に、もし距離があるとすれば、何をおいてもこれを埋めねばならない。もしこの距離が形の上の迷信からきているとすれば、その迷信をうち破らねばならぬ。

学術文庫は、内外の迷信を打破し、学術のために新しい天地をひらく意図をもって生まれた。文庫という小さい形と、学術という壮大な城とが、完全に両立するためには、なおいくらかの時を必要とするであろう。しかし、学術をポケットにした社会が、人間の生活にとってより豊かな社会であることは、たしかである。そうした社会の実現のために、文庫の世界に新しいジャンルを加えることができれば幸いである。

一九七六年六月

野間省一

日本の歴史・地理

2709
源氏の血脈
野口　実著
武家の棟梁への道

平氏と同じく都で栄達をめざす軍事貴族だった源氏は、いかにして東国武士団を統合し、「鎌倉殿」として七百年におよぶ武家の歴史に君臨したのか。為義、義朝、頼朝、義経。三代四人の栄光と挫折、長期戦略を検証する。

電Ⓟ

2712
官僚の研究
秦　郁彦著
日本を創った不滅の集団

出自、学歴、給料、天下り先…。データで解明するエリート集団の歴史と生態。やはり「藩閥」「東大卒」が強いのか？　明治の「官員さん」から、戦前昭和の「革新官僚」、現代の「官邸官僚」まで、怪物的存在の実像。

Ⓟ

2714
攘夷の幕末史
町田明広著

日本人は誰もが「攘夷派」だった！　これまであまり顧みられなかったロシアの脅威や朝陽丸事件などに着目し、江戸時代を通して醸成され、幕末に沸騰した攘夷思想という日本人の対外認識の原型に迫る、画期の書。

電Ⓟ

2721
北条時宗と安達泰盛
村井章介著
異国合戦と鎌倉政治史

十三世紀日本に迫るモンゴルの嵐。立ち向かったのは悩み多き若き執権と、硬骨の革新政治家だった。血なまぐさい権力闘争に明け暮れる鎌倉政治史を、外交、宗教、美術など多様な視点から立体的に編み上げた労作！

電Ⓟ

2725
ペリー日本遠征随行記
サミュエル・ウェルズ・ウィリアムズ著／洞　富雄訳（解説・西川武臣）

われわれは略奪の旅にやって来たのか？　提督ペリーへの冷静な視線と、庶民への優しい眼差し。下田では密航を企てる吉田松陰を諭し、琉球では裁判官の道徳に感嘆する。艦隊の首席通訳官による幕末日本訪問記。

電Ⓟ

2735
日本の珈琲
奥山儀八郎著（序・古波蔵保好／解説・旦部幸博）

珈琲は、いつ、どのように日本に伝わり、広まったのか。世界の珈琲発見伝説から日本初の珈琲店まで、江戸から明治にわたる膨大な史料を渉猟し、驚きに満ちた珈琲の歴史を明らかにする。生活文化史の古典。

電Ⓟ